NOUVEAU RECUEIL

DE

CHANSONS

CHOISIES.

TOME TROISIEME.

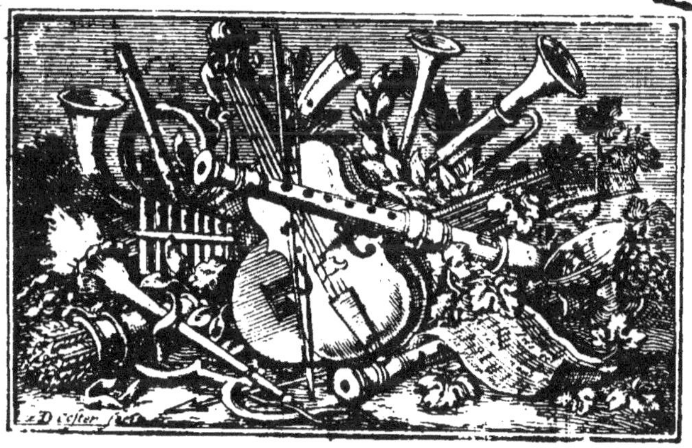

A LA HAYE,

Chez JEAN NEAULME.

M. DCC. XXVI.

TABLE

DES

AIRS DE CE RECUEIL,

SELON LES SUJETS DONT
ILS TRAITENT.

CHANSONS TENDRES.

CHANSONS GALANTES.

Le

* 3

B2

J'ai

TABLE

I.

L.

NOU-

NOUVEAU RECUEIL

DE

CHANSONS.

LA PETITE CLAUDINE.

Vaudeville à boire.

Près de cette Coquette,
Pour fruit de mon tourment,
Je n'avois ſur l'herbette,
Qu'un regard ſeulement,

Mais

Mais ma jeune Maitreſſe,
Par excès de tendreſſe,
Me comble de faveurs;
Puiſqu'en, &c.

Au bord d'une fontaine,
On ne me verra plus,
Sous le poids de ma chaine,
Reſiſter à Bacchus;
De ma naiſſante flame,
Je goute dans mon ame
Des plaiſirs ſans langueurs;
Puiſqu'en, &c.

Le ſon d'une Muſette,
M'eſt fort indifferent,
Pour fléchir ma Brunette,
C'eſt un ſot inſtrument;
Mais la liqueur divine;
Calme cette Badine,
Quand elle a des rigueuis;
Puiſqu'en, &c.

A 2

Les

Les Echos de mes plaintes,
Ne raisonneront plus ;
Sans allarmes ni craintes,
Je bois de ce doux Jus,
Son gout est délectable,
Sa vertu préférable
Sur toutes les liqueurs ;
Puisqu'en, &c.

Le plus tendre ramage
Des Oiseaux amoureux,
Ne peut dans un boccage,
M'inspirer d'autres feux,
Mais les plaisirs de table,
Près d'un objet aimable,
Fixent les jeunes cœurs ;
Puisqu'en, &c.

Je suis Buveur fidelle,
Comme fidelle Amant,
Je caresse ma Belle,
Et bois incessamment.

L'A-

L'Amour nous verſe à boire,
Et Bacchus plein de gloire,
S'empare de nos cœurs;
Puiſqu'en, &c.

VAUDEVILLE A DANCER.

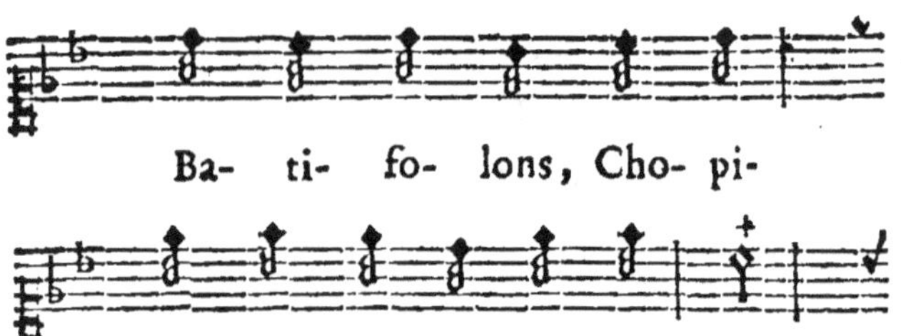

Tandis que je sommes jeunettes,
Il faut boutre à bas nos raisons.   *Fin.*
Quand je serons dessus l'herbette,
          Batifolons, &c.
Tandis, &c.

Quand je serons dessus l'herbette,
Pendant que nos moutons paîtrons.   *Fin.*
Tu chanteras sur ta Musette,
          Batifolons, &c.
Quand je, &c.

Tu

Tu chanteras fur ta Mufette,
Les Amours que je nous faifons.   *Fin.*
Tu diras dans ta Chanfonnette,
                    Batifolons, &c.
Tu chanteras, &c.

Tu diras dans ta Chanfonnette,
Buvons à nous deux qui s'aimons.   *Fin.*
Puis en vuidant notre cruchette,
                    Batifolons, &c.
Tu diras, &c.

Puis en vuidant notre cruchette,
Gaillardement je dancerons.   *Fin.*
Ainfi pour plaire à ta collette,
                    Batifolons, &c.
Puis en, &c.

Ainfi pour plaire à ta collette,
Ne fais pas plus que je voulons.   *Fin.*
Car du manche de ma houlette,
                    Batifolons, &c.
Ainfi pour, &c.

A 4

Car

Car du manche de ma houlette,
Bravement je te gaulerons.   *Fin.*
Mais si ta manière est doucette,
    Batifolons, &c.
Car du , &c.

Mais si ta manière est doucette,
Mille plaisirs je gouterons.   *Fin.*
Pour que la Feste soit complette ,
    Batifolons, &c.
Mais si ta, &c.

RECIT DE BASSE.

toi - re,   Qui me rend fou,
Qui me rend fou, Quand j'y fon-
geons. Sans le   vin le nez de Gre-
goi- re N'au- roit, mor- gué!
point de bour-geons , Sans le   vin ,
Sans le vin le   nez de Gre-
goi- re N'au- roit mor- gué, mor-

gué

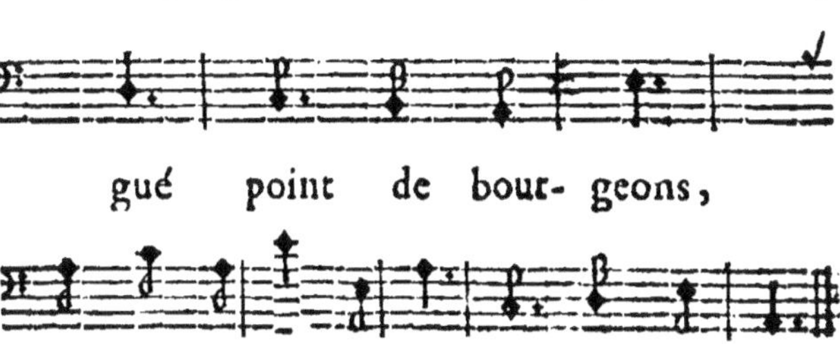

RONDE DE TABLE,

En Vaudeville.

Dans nos repas & dans nos feftes,
Par l'éclat de ses yeux vainqueurs,
Elle s'empare de nos cœurs,
Et fière de tant de conquettes,
Elle chante d'un ton badin,
Vive, &c.

L'on croiroit éviter ses charmes,
Recourant à ce Jus divin ;
Mais helas ! ce feroit envain,
Chacun lui doit rendre les armes,

Et

Et près d'elle chanter fans fin.
Vive, &c.

Le vin qu'on verfe dans fon verre,
Releve l'éclat de fon tein,
Et lorfque de fa blanche main,
Elle nous en livre la guerre,
Peut-on ne pas chanter foudain.
Vive, &c.

Pour fatisfaire cette Belle,
Vite qu'on m'en verfe tout plein,
Je veux boire jufqu'à demain,
Et fans ceffe chanter comme elle,
D'un air auffi tendre que fin.
Vive, &c.

Tout languiroit, chers Camarades,
Sans le beau fexe & le raifin,
Rien ne peut plaire en un feftin,
Si l'on n'aime & boit à rafades,
Pour gouter un plaifir divin,
Vive, &c.

L'Amour triomphe à cette table,
Bacchus y règne également,
On n'y voit rien que de charmant,
Jeunes beautez, vin délectable.,
Tout y comble notre deſtin.
Vive, &c.

LA BERGERE FILEUSE.

ſeau

Zéphire,
Soupire,
Au son de ma voix,
L'oiseau qu'elle attire
Chante dans ces bois:
La jeune fleur brille,

Deſſus mon chemin.
Tandis que ſans fin,
Je mouïlle, je file,
Tandis que ſans fin,
Je file mon lin.

L'Aurore,
D'éclore,
A peine a le tems,
Et tout dort encore,
Que je cours aux champs.
Mon troupeau fertile,
S'y repait de Thin.
Tandis que ſans fin,
Je mouïlle, je file,
Tandis que ſans fin,
Je file mon lin.

Cet onde,
Qui gronde,
Tombant de ces monts,
Et qui vagabonde,
Roule en ces vallons;
Dans ſon lit tranquille,

Me

Me baigne au matin.
Tandis que sans fin
Je mouille, je file,
Tandis que sans fin
Je file mon lin.

❦

Ma vie,
Suivie,
D'innocens plaisirs,
Coule sans envie,
Dans d'heureux loisirs.
Et loin de la ville,
J'en fuis le venin.
Tandis que sans fin
Je mouille, je file,
Tandis que sans fin
Je file mon lin.

❦

Prairies,
Cheries,
Trop aimables lieux,
Campagnes fleuries,
Vous charmez mes yeux.
Mais d'être inutile,

Mon

Mon cœur est chagrin,
Faut-il que sans fin,
Seulette, je file,
Faut-il que sans fin.
Je file à mon lin.

❀

La Rose,
Eclose,
Se prête aux Zéphirs,
Je désire, & n'ose,
Suivre mes desirs.
Je sais d'Eriphile ;
Qu'Amour est malin,
Il faut que sans fin,
Je mouille, je file,
Il faut que sans fin,
Je file mon lin.

❀

Timide,
Je guide,
Sans dessein mes pas,
Mais l'amour perfide,
Me guêtoit.... hélas !
Raison imbecile,

Fui, je vois Colin.
Il faut que sans fin,
Seulette, je file,
Il faut que sans fin,
Je file mon lin.

Lisette,
Jeunette,
Sortant du hameau,
Pour paitre l'herbette,
Menoit son troupeau,
Et dans cet Idile,
Chantoit son destin,
Tandis que sans fin,
Son doigt mouillé & file,
Tandis que sans fin,
Il file son lin.

RECIT DE BASSE.

lan-
te: te: J'aime au-tant re-po-
fer à l'om-bre d'un or-meau,
que fous l'om-bra-ge d'u-ne treille, Quand le glou-glou, le glou-
glou, le glou-glou de ma bou-
teil-le, Se mê-le au mur-
mu-re des Eaux, Se

mêle

Eaux. J'ai - me, &c.　Eaux.

LE BUVEUR TROMPÉ.

Vaudeville.

doit

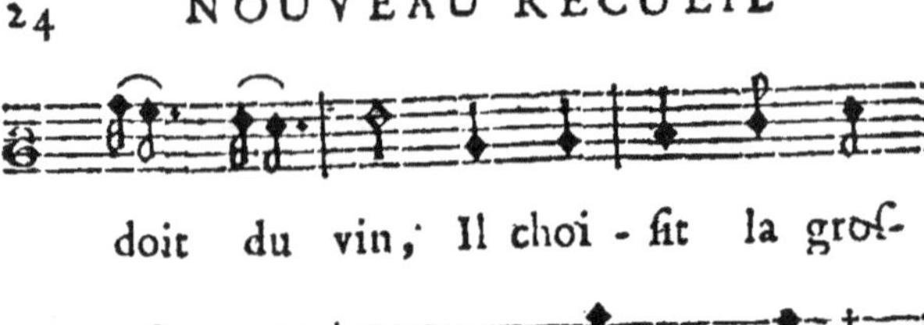

Tous les jours la jeune Lifette,
Lui vantoit fa taille parfaite,
Son air , la fraicheur de fon tein:
Mais fans regarder à la mine,
Il choifit la groffe Claudine,
Parce qu'elle vendoit du vin,
Il choifit, &c.

Mathu-

Mathurine lui dit, je t'aime,
Tiens, mille fois plus que moi-même,
J'ai deux prez, un champ, un jardin;
Il se mocqua de Mathurine,
Et choisit la grosse Claudine,
Parce qu'elle vendoit du vin,
Il choisit, &c.

Quatre ou cinq jours après la Nôce,
Ce fut un drôle de Negoce,
Quand Claudine dit à Colin;
Fache toi, jure, peste, enrage;
Mais tu n'auras pour tout potage,
Par jour qu'un demi pot de vin,
Il choisit, &c.

Outré de ce mince ordinaire,
Colin s'enflamma de colère,
Et voulut faire le lutin;
Mais la furibonde Claudine,
Qui ne veut pas qu'on la lutine,
Le fit taire à coups de gourdin;
Il choisit, &c.

Tome III.   C i   Quand

Quand on sçut ce mauvais ménage,
On chanta dans tout le Village,
Rions tous du sort de Colin;
Il n'a par repas que Chopine,
Lui qui n'a fait choix de Claudine,
Que parce qu'elle vendoit du vin;
Il choisit, &c.

L'HOMME GRIS.

Chanson à Danser.

Si par mon bien je la tente,
Par mon rang, par mon crédit,
Lui plus modeste ne vante,
Que son âge & son habit :
   Dieu vous garde, &c.

Si je parle à la perfide,
L'Amour me rend interdit;
Mais lui d'un regard avide,
Accompagne son débit :
   Dieu vous garde, &c.

C 2

Si

Si je vole chez la Belle,
Si-tôt que l'Aurore luit;
Je trouve chez l'Infidelle,
Mon rival qui s'établit:
   Dieu vous garde, &c.

A sa porte en petit maitre,
Si je fais le guèt la nuit,
Je le vois par la fénêtre,
Qui malgré moi s'introduit:
   Dieu vous garde, &c.

Si je cause à sa ruelle,
Il s'assit dessus son lit;
Et si je bois avec elle,
Quatre coups, il en boit huit:
   Dieu vous garde, &c.

CHAN-

CHANSON A DANCER.

Je t'ai donné ma houlette,
Je prens soin de ton troupeau,
Il est vrai je suis seulette,
Peut-on voir un temps plus beau.
    Lucas, laisse, &c.

'Absent de tes yeux, cruelle,
Je ne prends point de plaisirs,
En peut-on prendre, dit-elle,
Quand on n'a point de desirs.
    Lucas, laisse, &c.

L'autre jour sur la fougère,
Tu riois avec Colin,
Près d'une jeune Bergère,
Il est plus que toi badin.
    Lucas, laisse, &c.

Ah! que l'Amour est à craindre,
Que mon cœur est malheureux,
Qu'as-tu, dit-elle, à te plaindre,
Sommes nous trop d'être deux.
    Lucas, laisse, &c.

Un

Un doux sommeil prit la Belle,
Elle revoit à Lucas,
Disant, seras-tu fidelle,
Ne chantoit plus que tout bas.
    Lucás, laisse, &c.

Ce qu'il fit est un mistère,
Les échos n'en disent rien ;
Mais cette aimable Bergère,
Dit encor pour son refrain.
    Lucas, laisse, &c.

LE GLOUTON.

Recit de Baſſe.

vous, grands Dieux, qui voi-ez mon cha-
grin, Que ne me don-niez
vous un ven-tre de ba-
lei-ne, Pour pou-voir, quand je ſuis en
train, Vui-der à chaque inſ-
tant un broc tout d'u-ne ha-
lei-
ne.

ne,
que ne me don-niez vous un ven-
tre de ba - lei - ne, Pour pou-
voir quand je suis en train, Vui-
der à cha-que inf- tant un
broc tout d'u-ne ha- lei-
ne,

ne.

LES SECOURS DE BACCHUS.

Ariette.

Des ef - fets de ce Jus ai-
ma - ble, Vo - iez l'a - mour qui s'ap - plau-
dit: Des coups que j'au - rai bus à
Tendrement.
ta - ble, Il ne vous fe - ra
pas cré - dit, Il ne vous
fe - ra pas cré - dit.

LES ANCIENS BUVEURS.

Vaudeville.

Bac-

Bacchus, mon ami infigne,
  Dans ta vigne,
Suivi de mon Apollon;
Je veux y chanter ta gloire,
  Et plus boire,
Que ne but Anacréon.

Dans les Hiftoires Romaines,
  Et d'Athenes;
Grecs & Latins buvoient tous;
Je vois le Grand Alexandre,
  En bien prendre,
Caton s'en donnoit fon fous.

D i   EX-

EXHORTATION.

Iris.

Iris, foiez moins cruelle,
Vous, dit-il, à tout moment,
Vous en paroîtrez plus belle,
Aux yeux d'un fidèle Amant.

D'une maxime fi fage,
Profitez mieux, chère Iris;
Vos attraits, votre jeune âge,
Vous font donnez à ce prix.

Et que pourriez vous mieux faire,
Que de bruler & charmer,
La beauté n'eft que pour plaire,
Le cœur n'eft que pour aimer.

LA NUIT.

Chanson à danser.

Car

L'Ombre vous favorife,
Jeunes amoureux,
Amenez en remife,
L'objet de vos feux,

Pour seconder vos vœux,
La Belle se déguise,
Car pendant les nuits,
Tout conte fleurette,
Tourelourirette,
Car pendant, &c.

L'Amour pour vous conduire,
Au pied d'un ormeau,
Pendant ce tems fait luire,
Son divin Flambeau :
Suivez l'éclat nouveau,
Du feu qui vous inspire,
Car pendant les nuits,
Tout dit en cachette ;
Tourelourirette,
Car pendant, &c.

En contant votre flamme ;
Surtout prenez soin,
Que le flambeau n'enflamme,
La botte de foin :

Redoutez près & loin,
Votre jalouse Femme;
Car pendant les nuits,
Au Cours on vous guette;
Tourelourirette,
Car pendant, &c.

Dans les champs Elisées,
On voit deux à deux,
Les ombres fortunées,
Des Amans heureux,
Attendons y comme eux,
Les fraiches matinées,
Car pendant les nuits,
Souvent on repète,
Tourelourirette,
Car pendant, &c.

Venez jeune Grisette,
Sans ajustement,
Vous pourrez faire emplette,
D'un nouvel Amant,

Apportez seulement,
Votre sombre Cornette,
Car pendant les nuits,
Tout à l'aveuglette,
Tourelourirette,
Car pendant, &c.

Venez vieille Coquette,
Antique beauté,
Ecouter la fleurette,
Dans l'obscurité:
L'importune clarté,
Vous rend toute défaite;
Mais pendant les nuits,
La vieille est jeunette,
Tourelourirette,
Mais pendant, &c.

CHAN-

CHANSON A DANCER.

La Lirette.

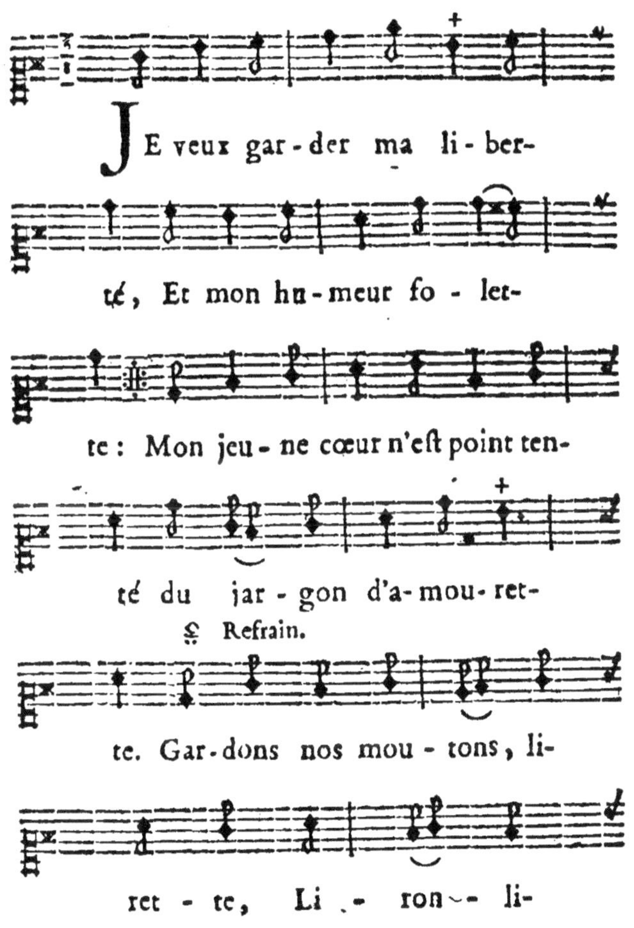

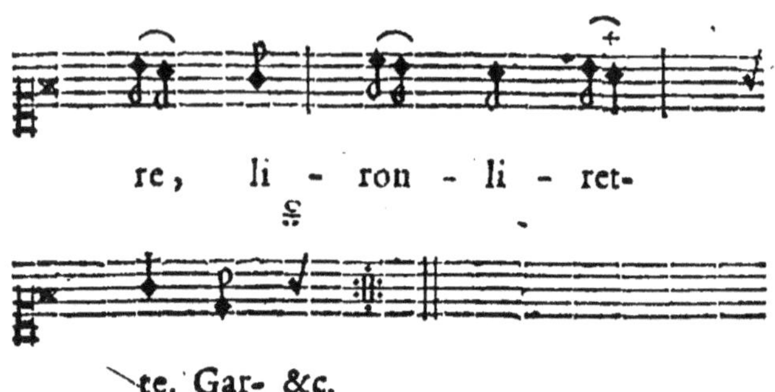

Pour me défendre des Amans,
J'ai mon Chien, ma houlette,
Et je crains peu leurs complimens,
S'ils me trouvoient seulette.
Gardons, &c.

Maman dit qu'ils sont tous trompeurs,
D'une humeur indiscrète,
Qu'il ne faut aimer que les fleurs,
Et jamais la fleurette.
Gardons, &c.

Quand

Quand on laiſſe engager ſon cœur,
On eſt trop inquiète,
L'on perd toute ſa bonne humeur,
Et l'on eſt contrefaite.
   Gardons, &c.

Si l'amour venoit quelque jour
Me voir en ma chambrette,
Je lâcherois après l'Amour,
Ma fidèle Lirette.
   Gardons, &c.

Je ne veux point changer de nom,
Je veux teſter fillette,
Il n'eſt point de plus joli nom,
Que celui de Nanette.
   Gardons, &c.

J'aime à rire, j'aime à ſauter,
Au ſon de la Muſette,
J'aime à danſer, j'aime à chanter;
Voilà mon Amuſette.
   Gardons, &c.

C'eſt ainſi que préſentement,
Parle la jeune Annette,
Elle dira tout autrement,
Un peu plus grandelette,
Garde mes moutons, &c.

BACHUS VAINQUEUR.

Air à boire.

Quand

Celimene jeune & févère,
Fuïoit un baifer autrefois,
Tircis fait boire le Bergère,
Et pour un il en reçut trois.
Lorfque Bachus, &c.

 Ariane

Ariane en proïe aux allarmes,
Pleuroit Thesée, ingrat Amant,
Le Dieu du vin par ses doux charmes,
La fit rire dans ce moment.
Lorsque Bachus, &c.

L'ALTERNATIVE.

Pour

Pour paſſer le tems ſans contrainte,
Et ſans ſoins qui troublent nos jours,
Je ne veux qu'Iris & ma pinte,
Chacun à ſon tour.

Quand ma Bergère m'eſt fidèle,
Je jure de l'aimer toûjours,
Mais je dis, en changeant comme elle,
Chacun à ſon tour.

Jeune beauté à la tendreſſe,
On ne peut réſiſter toûjours,
Et malgré l'auſtère ſageſſe,
Chacun à ſon tour.

Au tems de l'aimable jeuneſſe,
On chérit les tendres Amours,
Plus tard on dit que c'eſt foibleſſe;
Chacun à ſon tour.

L'AMOUR INQUIET.

Près

Près d'une fontaine,
Deſſus les ormeaux,
Je laiſſe en la plaine,
Garder mon troupeau.
Et toujours ſuivie,
D'innocens plaiſirs,
Je paſſe ma vie,
Dans l'heureux loiſir.

Fatale journée,
Funeſte moment,
Où la Deſtinée,
M'offrit un Amant.
J'eus beau me défendre,
Pour ſauver mon cœur,
Mon Berger eſt tendre,
L'Amour fut vainqueur.

Un loup par la fuite,
Evita la mort,
Que n'ai-je à ſa ſuite,
Hazardé mon ſort:

E 5

J'a-

J'avois plus à craindre,
Avec ce Berger,
Ah! qu'on est à plaindre,
Seule en un verger.

D'un air tout de flamme,
Tircis vint à moi,
Dès lors dans mon ame,
Je sentis l'éfroi,
Mais trop indiscrète,
Quand je le vis mieux,
Je lûs ma défaite,
Ecrite en ses yeux.

Ma vertu rigide,
En vain resista,
Sa bouche perfide,
Me déconforta:
Je lui parus belle,
Il sçût m'enflammer,
Le croïant fidèle,
J'osai l'écouter.

AUTRE

Sur le même Air.

Assis sur l'herbette,
Tircis l'autre jour,
Dessus sa musette,
Chantoit son amour;
Cruelle Bergère,
Qui fais tout charmer,
Pourquoi fais-tu plaire,
Sans savoir aimer.

✿

Depuis que tes charmes,
Ont ravi mon cœur,
Je vis en allarmes,
Je tombe en langueur;
Cruelle Bergère,
Qui fait tout charmer,
Pourquoi fais tu plaire,
Sans savoir aimer.

✿

Vois-tu dans la plaine,
Mon troupeau couché,
Qui ressent la peine,
Dont je suis touché ;
Cruelle Bergère,
Qui sais tout charmer,
Pourquoi fais tu plaire,
Sans savoir aimer.

Quand sur ma Musette,
Je forme des sons,
Le Nom de Nanette,
Est dans mes Chanchons ;
Cruelle Bergère,
Qui sais tout charmer,
Pourquoi fais tu plaire,
Sans savoir aimer.

Tant que ma Constance,
N'a sçû te dompter,
Ton indifférence,
N'a fait qu'augmenter ;

Cruel-

Cruelle Bergère,
Qui fait tout charmer,
Pourquoi fais tu plaire,
Sans favoir aimer.

Dedans ce Boccage,
Eft-il un Berger,
Qui foit moins volage,
Qui foit moins leger?
Cruelle Bergère,
Qui fait tout charmer,
Pourquoi fais tu plaire,
Sans favoir aimer.

Mais lorfque, Nanette,
Ton cœur changera,
Alors ma Mufette,
Sans ceffe dira,
Aimable Bergère,
Qni m'as fçû charmer,
Tu fais plus que plaire,
Car tu fais aimer.

Au bord du Rivage,
Nous jouërons tous deux,
Je t'offre pour gage,
Mes plus tendres feux ;
Aimable Bergère,
Qui m'as ſçu charmer,
Tu ſais plus que plaire,
Car tu ſais aimer.

LES AVANTAGES DU VIN.

cro - che, Mor - gue - ne en - tre

nous sans re - pro - che Je vi - vons

mieux d'ac-cords nous au - tres Vil - la-

geois : En voi - ci la rai -

son, me sem-ble, Lui ré - pon-

dit Gre - goi-re en ef- prit

fort ; Le moi - en qu'ils foi-

ont

ont d'ac - cord, Ils   ne   bu -
vons ja - mais   en - fem - ble
Le moi   en qu'ils foi -
ont d'ac - cord, Ils   ne   bu - vons ja -
mais, Ils   ne   bu - vons ja - mais en -
fem - ble.

LES CALOTINS.

Couplets.

Que chacun coure y prendre place,
La Confrerie a des appas ;
Il faut en être, quoiqu'on faſſe,
Quand même on ne le voudroit pas,
   C'eſt la Marotte,
   De la Calotte.

※

Ce ridicule Miſantrope,
A beau dire qu'il n'en eſt point,
Dans ſa ſageſſe il s'enveloppe,
Mais malgré ce grave pourpoint :
   C'eſt la Marotte,
   De la Calotte.

※

Cette prude qui fait la fière,
Quelqu'avanture qu'elle ait eu,
En ſera toute la prémière ;
Mais que penſer de ſa vertu :
   C'eſt la Marotte,
   De la Calotte.

※

Pour

Pour la coquette peu fauvage,
Qui marche dans un entonnoir,
Quand elle plâtre son visage,
Que voit-elle dans son miroir;
  C'est la Marotte,
  De la Calotte.

Un Courtisan plein de droiture,
Plein de droiture à ce qu'il dit,
Peint ses amis en miniature,
Puis les caresse & leur sourit,
  C'est la Marotte,
  De la Calotte.

Un Calotin du Mont-Parnasse,
Pense charmer tout l'univers;
Il se mèt à coté d'Horace,
Quel est le destin de ses vers:
  C'est la Marotte,
  De la Calotte.

Tel qui dans la comique scène,
A fait fredonner les fiflets,
Veut faire hurler Melpomène;
Mais qu'en arrive-t-il après:
    C'est la Marotte,
    De la Calotte.

Le Champignon millionaire,
Du cru qu'on nomme Quinquempoix,
Par la culbute actionaire,
Devient ce qu'il fut autrefois:
    C'est la Marotte,
    De la Calotte.

Le faux savant, le faux sincère,
Le faux brave, & le faux discrèt,
Ont chacun dans leur caractère,
La symbole de fou parfait,
    C'est la Marotte,
    De la Calotte.

LE DROLE DE MENAGE.

Quand

Quand Margot voit son Mari ,
Sortir pour aller chez Blaise ,
La drôlesse en est bien aise ,
Il fait place à son ami :
C'est le plus drôle de menage ,
Qui soit dans notre Village.

A chaque instant Mathurin ,
Vante sa chère bouteille ,
Et Margot , à la pareille ,
Vante son ami Robin :
C'est le plus drôle de menage ,
Qui soit dans notre Village.

Tous les jours , soir & matin ,
Avec Margot sa voisine ,
Robin folastre & badine ,
La nuit est pour Maturin :
C'est le plus drôle de menage ,
Qui soit dans notre Village.

Croiez-

Croyez-vous que Maturin,
De ce qu'il voit s'embarasse,
A Margot, Robin il passe,
Margot lui passe le vin :
C'est le plus drôle de menage,
Qui soit dans notre Village.

Pourquoi se faire enrager,
Pourquoi s'échaufer la Bile,
Ce seroit chose inutile,
Ils ne peuvent pas changer :
C'est le plus drôle de menage,
Qui soit dans notre Village.

Sans rumeur & sans débats,
Maturin, sa menagère,
Robin, tous, jusqu'au compère,
Savent prendre leurs ébats :
C'est le plus drôle de menage,
Qui soit dans notre Village.

Mais

Maris chagrins & jaloux,
De la moindre bagatelle,
Femmes qui faites querelle,
Sur le vin à vos Epoux,
Venez tous dans notre Village,
Voir ce drôle de menage.

LA BAGATELLE.

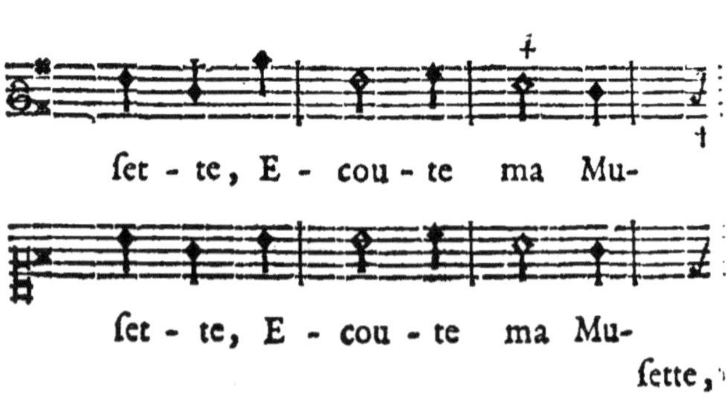

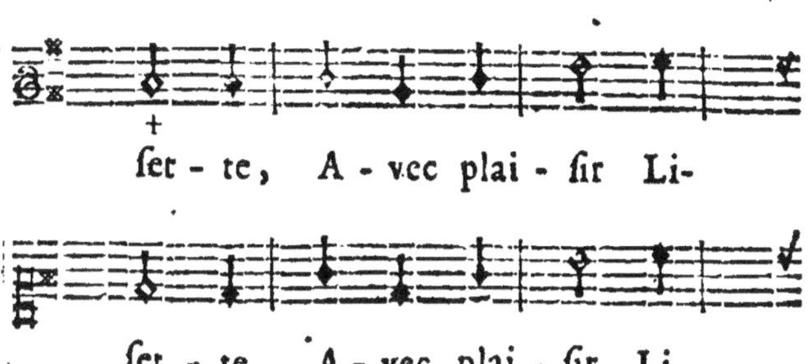
set - te, A - vec plai - sir Li-
set - te, A - vec plai - sir Li-

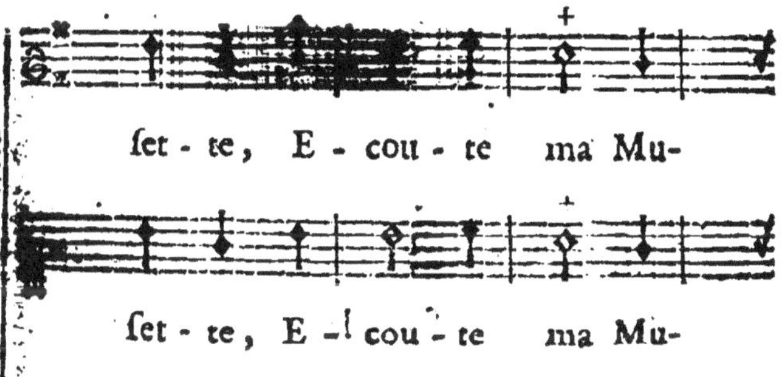
set - te, E - cou - te ma Mu-
set - te, E - cou - te ma Mu-

set - te. Mais quand je
set - te. Mais quand je

veux

veux lui par - ler de mes
veux lui par - ler de mes

feux, Laiſ-ſons la ba - ga-
feux, Laiſ-ſons la ba - ga-

tel - le, Dit - el - le, N'ès tu
tel - le, Dit - el - le, N'ès tu

pas

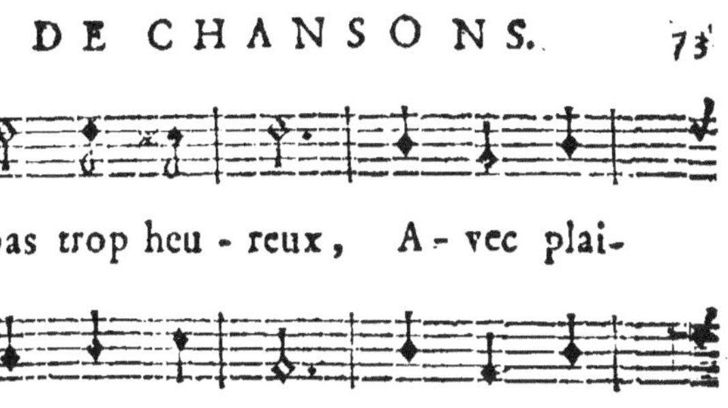

pas trop heu - reux, A - vec plai-
pas trop heu - reux, A - vec plai-

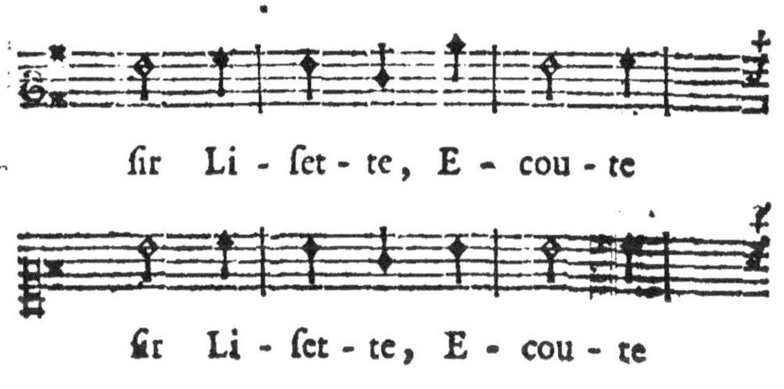

fir Li - fet - te, E - cou - te
fir Li - fet - te, E - cou - te

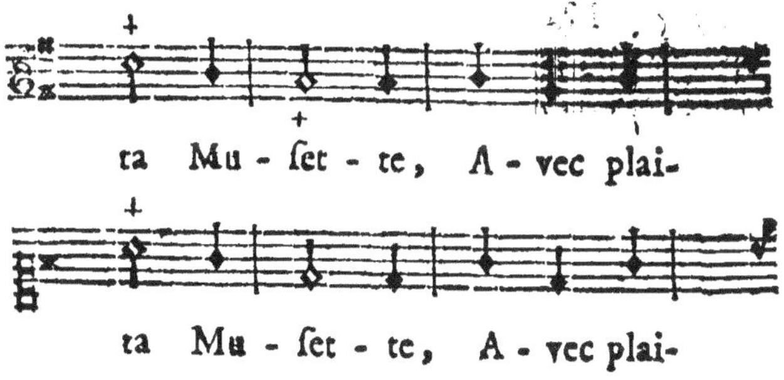

ta Mu - fet - te, A - vec plai-
ta Mu - fet - te, A - vec plai-

Gr

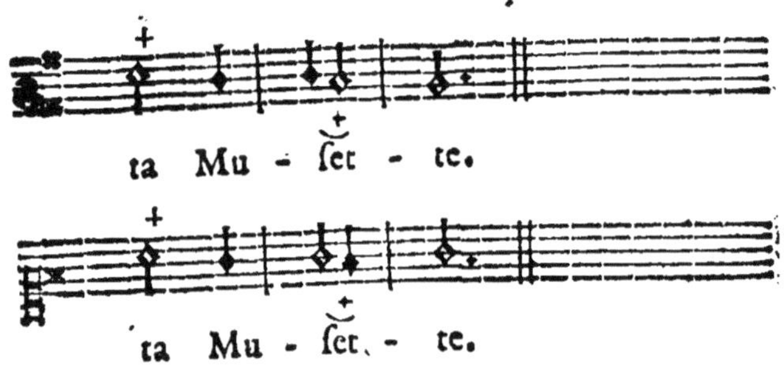

❀

Ma voix eſt douce & tendre,
Liſette aime à l'entendre,
Mais quand je veux,
Lui parler de mes-feux,
Laiſſons la bagatelle,
Dit-elle,
N'ès-tu pas trop heureux,
Ta voix eſt douce & tendre,
Liſette aime à l'entendre.

Pour

Pour son troupeau, Lisette,
Se sert de ma houlette,
Mais quand je veux,
Lui parler de mes feux,
Laissons la bagatelle,
    Dit-elle,
N'ès-tu pas trop heureux,
Pour son troupeau, Lisette,
Se sert de ta houlette.

A mes moutons sans cesse,
Lisette fait caresse;
Mais quand je veux
Lui parler de mes feux,
Laissons la bagatelle,
    Dit-elle,
N'ès-tu pas trop heureux,
A tes moutons sans cesse,
Lisette fait caresse.

Ma voix & ma Musette,
Mes moutons, ma houlette,

Un

Un fort fi doux,

Vous fait mille jaloux,

Mais auprès de Lifette,

Folette,

De quoi me fervez-vous,

Ma voix & ma Mufette,

Mes moutons, ma houlette.

L'AMOUR VERACE.

nus il é - toit ir - ri - té,
Mais il di - foit la vé - ri -
té, Mais il di - foit la
vé - ri - té. té.

L'EM-

L'EMPIRE DE BACHUS.

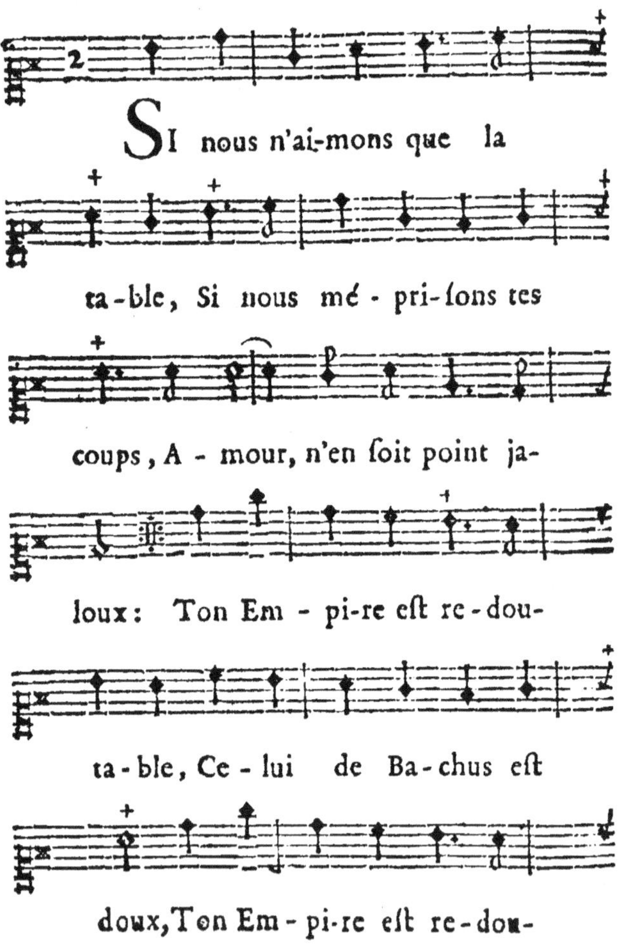

tabl.

Dans ce répas agréable,
Iris vient boire avec nous,
Amour n'en ſoit point jaloux.
Ton Empire eſt redoutable,
Celui de Bachus eſt doux.

De ce champagne admirable,
Verſons lui de petits coups,
Amour n'en ſoit point jaloux.
Ton Empire eſt redoutable,
Celui de Bachus eſt doux.

Que

Que la Bouteille eſt aimable,
Joints tes chants à ces glouglous,
Amour n'en ſoit point jaloux.
Ton Empire eſt redoutable,
Celui de Bachus eſt doux.

Par les plaiſirs de la table,
Bachus nous raſſemble tous,
Amour n'en ſoit point jaloux.
Son Empire eſt adorable,
Le tien eſt fait pour les foux.

VAUDEVILLE.

L'Autre jour l'ai-ma-ble Tir-
cis me trou-vant feu - let - te,
Me dit fes a-mou-reux fou-
cis en cueil-lant l'her - bet - te:
Un pe - tit mo-ment plus
tard, Si Ma-man ne fut ve - nu-
e, Un pe - tit mo-ment plus
tard,

Vainement je voulus le fuir;
Il étoit trop tendre,
Quand l'Amour veut nous retenir;
Peut-on s'en défendre,
Un petit moment, &c.

Regard, soupirs, tendres sermens,
Tout marquoit sa flamme,
Et déja ses transports charmans,
Passoient dans mon ame,
Un petit moment, &c.

L'IN-

L'INCONSTANT.

Et

Petite Reprise.
Et   pour ê-tre heu-reux u - ne
fois,   Il   faut   en   ai - mer
Il   faut   en   ai - mer plus de
mil - le.

RONDE DE TABLE.

CHOEUR.

tez - les plai firs de la
{-, chau-tez les plai-firs de la

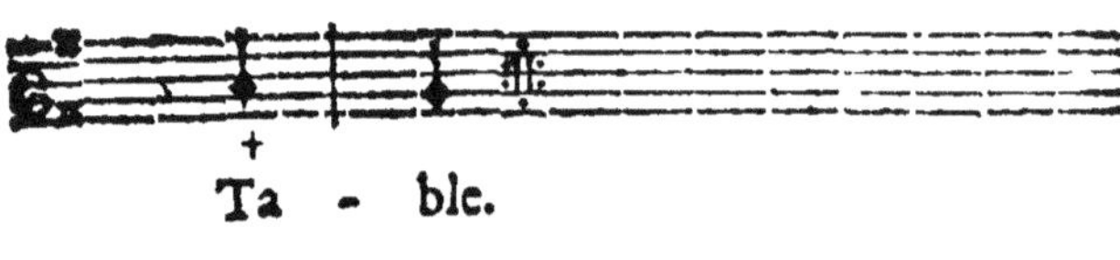
Ta - ble.

Ta - ble.

SEUL.

Bac-chus nous comble aujour-

d'hui de fa-veurs. L'A-mour s'u-

ni

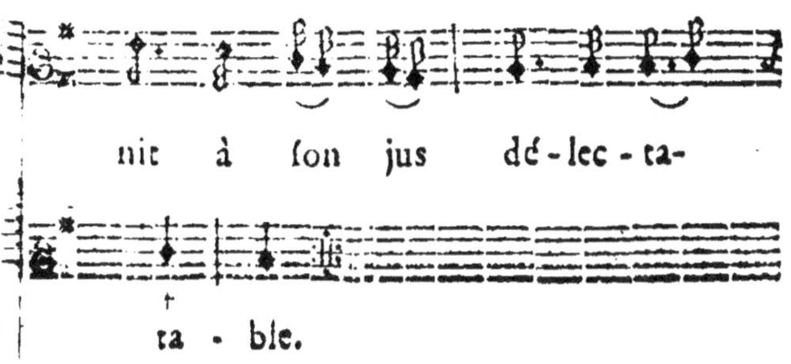

CHOEUR.

H 2   veurs,

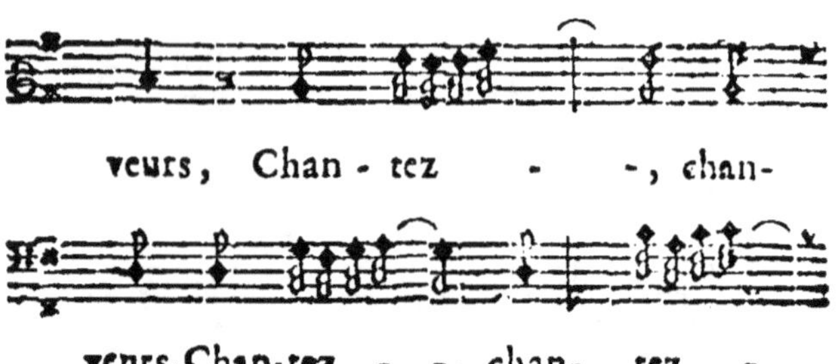
veurs, Chan - tez - -, chan-

veurs, Chan-tez - -, chan- tez -

tez - les plai - firs de la

-, chan-tez les plai - firs de la

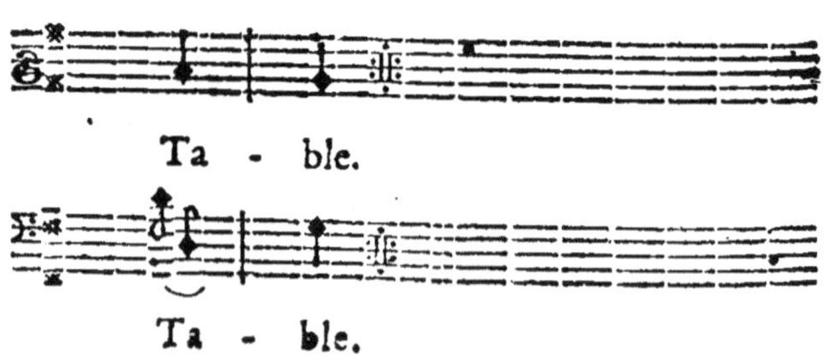
Ta - ble.

Ta - ble.

SEUL.

SEUL.

CHOEUR.

H 3　　　mans,

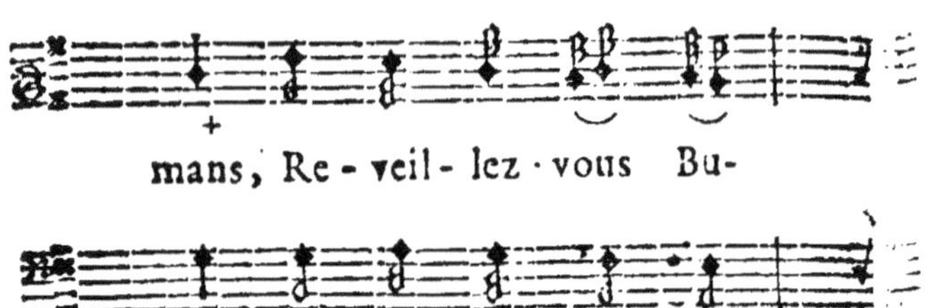
mans, Re - veil - lez - vous Bu-

mans, Re - veil - lez - vous Bu-

veurs, Chan - tez - -, chan-

veurs, Chan - tez - -, chan - tez -

tez - les plai - firs de la

-, chan - tez les plai - firs de la

Ta-

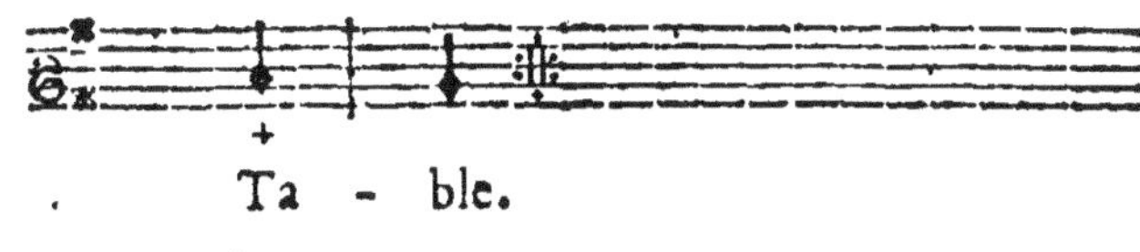

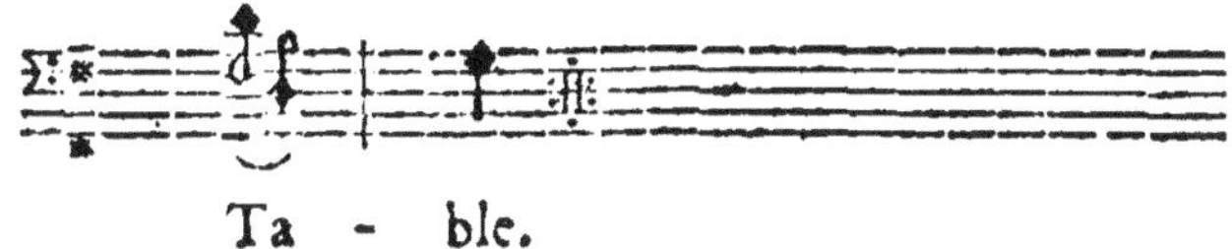

S E U L.

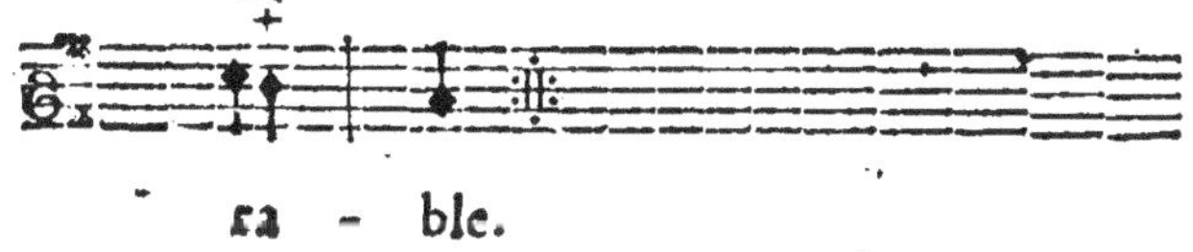

H 4   CHOEUR.

CHOEUR.

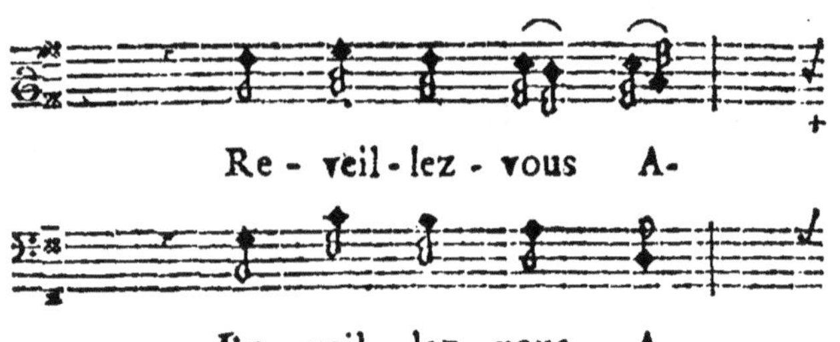

Re - veil - lez - vous A-
Re - veil - lez - vous A-

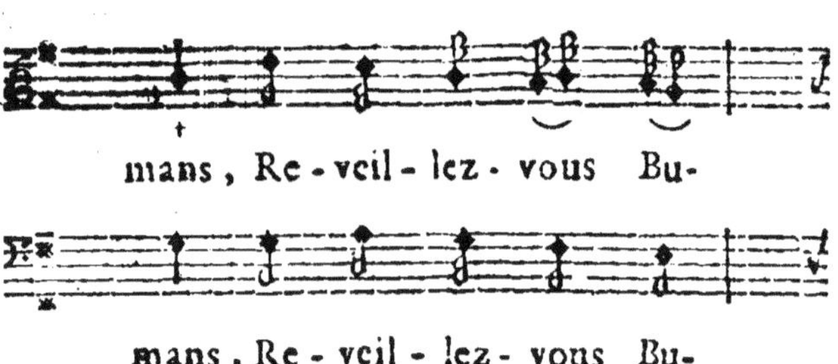

mans, Re - veil - lez - vous Bu-
mans, Re - veil - lez - vous Bu-

veurs, Chan - tez - , chan-
veurs, Chan-tez - -, chan - tez -
tez

Ta - ble.

LE

LE SECOURS.

Air serieux.

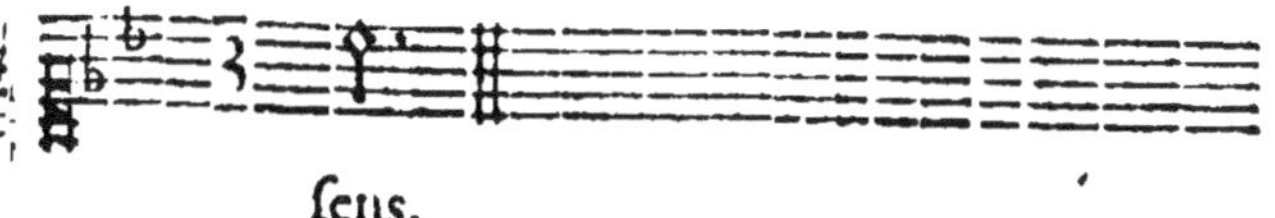

Reponſe de Celimene.

Quand tu vois ſoupirer la triſte Celimene,
C'eſt que l'amour la livre aux ſenſibles tourmens,
Ah! s'il m'étoit permis de ſoulager ta peine,
Je guérirois auſſi des maux que je reſſens.

LA

LA RAISON.

Air à boire.

Elle

Elle est de trop dans le Monde,
Elle est Mère du Chagrin,
Qu'elle aille regner deſſus l'onde,
Et jamais on regne le bon Vin.

RONDEAU.

plai-firs plus doux, Le fils de Se-

mê-le y vient boi-re a-vec nous.

Vois cou-ler ce Vin par-mi les

fleurs, Ces Dieux ont mê-lé leurs ar-deurs,

L'un par l'au-tre ils font nos Vainqueurs,

+ Ver-fe-moi. +
bois Phi-lis ar-me-toi de ce

Jus, A-mour en-i-vre ta

Mé-

Mè-re à l'en-vi de Ba-
chus. Tout Ci-, &c.
Dans tes bras re-çoit
les tranf-ports de mon
a-me, Ah! que ce bai-fer m'en-
fla-me, Il re-dou-ble tes appas: Dieux quels mo-

mens plus je sens de plai-
sirs, Et plus dans tes
yeux je trou - ve des dé-
sirs. Tout Ci-, &c.

L'INCONSTANT.

Legerement.

Dieux, dit - il, pour me van-

ger,

ger, D'u - ne in - ju
re fi cruel - le, Fai- tes qu'el
le ai-me un Ber - ger auf - fi
char-mant qu'el-le eft bel - le,
Mais qui fu - jet à chan
ger, Ait le cœur auf-
fi le - ger, que le

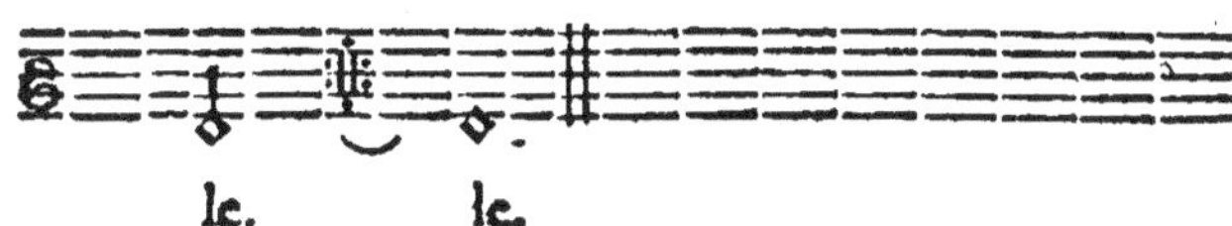

La Bergère qui l'entend,
Loin de se mettre en colère,
Dit tout bas en souriant,
Dieux, exaucez sa prière,
En Amour le changement,
De tout tems a sû me plaire,
Car à parler franchement,
Cet aimable & doux mystère,
A dans son commencem*nt,
Je ne sai quoi de charmant,
Qui souvent ne dure guère.

LES YEUX D'IRIS.

Son jeune cœur manque à vôtre gloire,
Pour ce triomphe defcendez des Cieux :
Vous pourroit-elle Amour difputer la victoire :
Si vous regnez dans fes beaux yeux.

VAU-

VAUDEVILLE.

SUi - vons, sui - vons tour à
tour, Bac - chus & le Dieu d'A-
mour: mour: Et glou, glou,
glou, Et frou, frou, frou, J'ai
bon cou - ra - ge, Il faut
boi - re com - me un trou, Pour
aimer

Quand j'aurai bû quatre coups, } Bis.
J'en rendrai six aux Amours,
Et glou, glou, glou,
Et frou, frou, frou,
J'ai bon courage,
Il faut boire comme un trou,
Pour aimer davantage.

Objet charmant & gentil, } Bis.
Ce projet vous plairoit-il,
Et glou, glou, glou,
Et frou, frou, frou,
J'ai bon courage,
Il faut boire comme un trou,
Pour aimer davantage.

LES

LES PELERINES.

mours

mours font du voi - a - ge les
doux fou - pirs, les tendres défirs font le but de ce Pé-
lé - ri - na - ge, Le prix
en eft les plai - firs. Au
Tem - ple de l'A - mour Pé - lé-
ri - nes de Ci - thè - re ; Nous al-

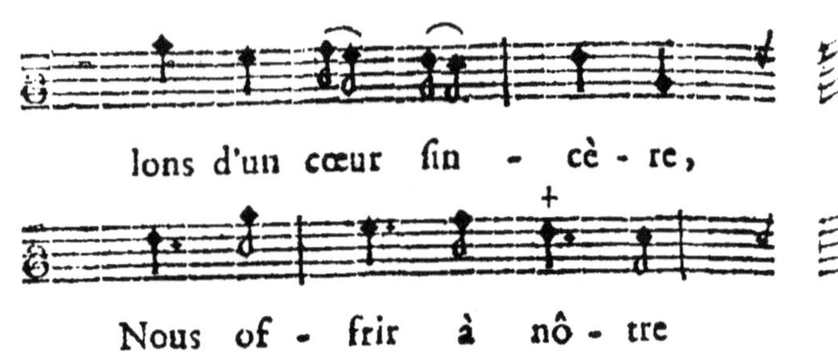

La Cariflade.

Le Remerciment.

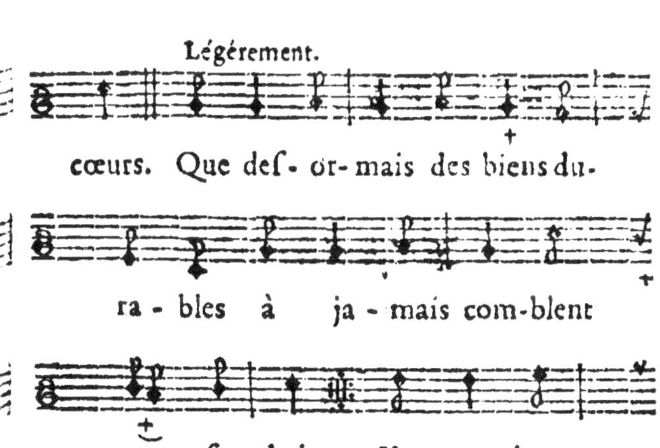

Nous fou - la- gent dans ce jour puif-
fe l'A- mour vous rendre au re-
tour en - cor plus cha - ri-
ta - bles.

LES PLAISIRS DE LA CAMPAGNE.

Sur le même Air.

Pour jouïr à l'écart,
D'un deftin doux & tranquille,
Chers amis, quitons la Ville,
Volons au Château gaillard.   *Bis.*
C'eft là fans art qu'on admire la nature,
    Qui n'offre aux yeux,
    Qu'objets gracieux,
C'eft-là que le divin Epicure,
Goutoit le plaifir des Dieux,
Pour jouïr à l'écart, &c.
    De ces beaux lieux,
    L'agréable Maître,
    A table fait naître,
   Les Jeux & les Ris,
Les mèts friands, les vins exquis,
Pleine liberté peu d'amis,
    Mais choifis,   } *Bis.*
Grand Dieu du Vin, dans ton Empire,
Où peux-tu mieux placer ta Cour,
Fuïez foupirs, amoureux Martire,
Loin de ce charmant féjour,

De peur qu'Amour,
N'empoisonne un jour,
L'air libre qu'on y respire.

ETRENNES.

ner

Mais pour vous engager,
Belle Iris, à le prendre,
Mais pour vous engager,
Ecoutez moi chanter:
Si vous ne favez pas aimer,
Cet air va bien-tôt vous l'apprendre.

L'Amour n'eſt que douceurs,
Que plaiſirs & que charmes,
L'Amour n'eſt que douceurs,
Il fait le bien des cœurs:
Son arc, ſes traits toûjours vainqueurs,
Ne ſont que d'agréables armes.

K 4

On

On ne le connoit pas,
Quand on craint son Empire,
On ne le connoit pas,
Quand on fuit ses appas :
S'il a quelques tourmens, hélas,
Il a des plaisirs qu'on désire.

LE CHANGEMENT.

Vaudeville.

Bel

Brebis, si ma Mère,
  Ecoute ma voix,
Je saurai vous faire,
  De plus douces loix,
Je sai par moi-même,
  Quel est le plaisir,
Même quand on aime,
  D'avoir à choisir.

L'Amant le plus tendre,
  Qui soit dans ces lieux,
Se plait à me rendre,
  Plus de soin qu'aux Dieux:

H

Il m'aime à la rage,
Il m'eft importun :
C'eft un mariage,
Que n'en aimer qu'un.

*

Il offre à mon ame,
Les traits émouffez,
D'une vieille flame,
Qui me plût affez,
Mais parcequ'il m'aime,
Aurai je l'ennui,
Et la gêne extrême,
De n'aimer que lui.

*

Toute la Jeuneffe,
De notre hameau,
Avec moi fans ceffe,
Danfe fous l'ormeau :
Un lui femble à craindre,
Il en eft jaloux ;
S'il ofe s'en plaindre,
Je les prendrai tous.

PARODIE.

Sur la

VOLUPTUEUSE.

Que

Que les Gra - ces, Sur tes
tra - ces vien - nent se join-
dre aux at - traits de la beauté, Dont je suis en- chan - té.
E - car - te tous les Ja-
loux, Que des mo - mens si
doux, Se paf- fent tran - quil- le-
ment.

ment, Et cou - le len - te -
ment, Toû-jours fous un voi-le é-
pais ca - che nos plai-
firs fé - crèts, O puif-fant Dieu, &c.
De mon cœur voit la lan-
gueur, Et fait que mon bonheur, E - ga - le toû-jours mon ar-

deur, Pour con - ten - ter nos dé-
sirs in - ven - te de nouveaux plaisirs que ta fla - me com- ble mon
a - me de ra - vif - se-
mens In - con - nus aux A-
mans. Dieux , &c.

RONDEAU.

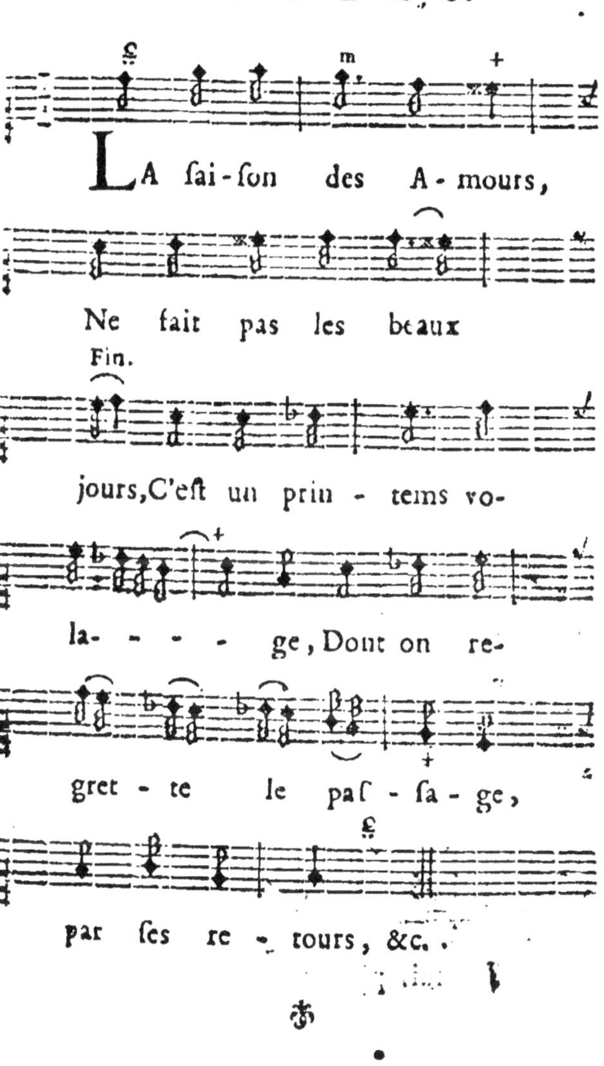
LA fai-fon des A-mours,
Ne fait pas les beaux
Fin.
jours, C'eft un prin - tems vo-
la - - - - ge, Dont on re-
gret - te le paf - fa - ge,
par fes re - tours, &c.

La Saiſon des Buveurs,
Charme toujours leurs cœurs,
C'eſt un aimable automne,
Qui ſans ceſſe répand & donne,
Mille faveurs.
La ſaiſon, &c.

LA CRUELLE.

ſec

La nuit comme le jour,
Plein de l'ardent amour,
Qui me tranſporte,
Je baiſe ton loquèt
Planté, comme un piquèt,
Devant ta porte.

Dans les lieux où tu vas,
Je ſuis par tous tes pas,
O beauté fière,
Toujours l'œil attaché,
Toujours le nez fiché,
Sur ton derrière.

Mais j'y perds mon latin,
Car du soir au matin,
Quand je t'appelle,
Tu fuis, par la morbleu,
Comme le Chien de feu
Jean de Nivelle.

Quand près de ton réduit,
Je passai l'autre nuit,
Pendant la pluïe,
Loin de me consoler,
Tu ne fis que ronfler
Comme une truïe.

Ah! puisque ma langueur,
Ne peut changer ton cœur
Hétéroclite,
Accablé de regrèt,
Je vais au cabarèt,
Me rendre Hermite.

AIR.

JOYE DU MARIAGE.

tre,

tre, Bru - lez tou - jours des
mê-mes feux, Que le droit de vous
ren-dre heureux, N'ô - te rien au
plai - fir que vous au - rez de
l'ê - . tre.

L'AMOUR VAINQUEUR.

Menuet.

Pour

Dans cette Fête,
L'Amour s'apprête,
A triompher de tous les cœurs ;
En vain, pour lui diſputer ſa conquête,
Bacchus aſſemble ici tous les Buveurs ;
Je vois dans tes yeux, ma Liſette,
Qu'Amour en aura les honneurs.

LE BUVEUR VAINQUEUR.

ner -
- re, N'a
Gai.
pû bra - ver ses fers. fers. A-
mis, Chan-tez ma gloi-
- re, Et que
vos doux Con - certs, An-
non-cent ma vic - toi -
re,

- re, aux deux
bouts de la ter - re! Plus
fort que tous les Dieux, J'ai van-
gé l'U - ni - vers, En noï-
ant ce Vain - queur, En noï-
ant ce Vain - queur dans le
fond de mon ver - re. re.

NB. *Cet Air, & celui qui suit, sont dans le goût d'un Italien qui ne sait pas trop la Langue Françoise.*

sir,

fir, Il faut nous ar - ra - cher, Il
faut nous ar - ra-cher   -, Il
faut nous ar - ra-cher :   Buvons au - tant de coups com-me je
voï d'E-toil-   -   -   -
- les, Et puis nous i - rons
nous con-cher, & puis nous i- rons

M   nous

nous cou cher, Et puis nous i - rons

nous cou - cher   - Bu-

vons,   -   -   Bu-

vons au - tant de coups comme je

vois d'E - toil-   -   -   -

- les,   Et puis nous i - rons

nous cou-cher, Et puis nous i - rons

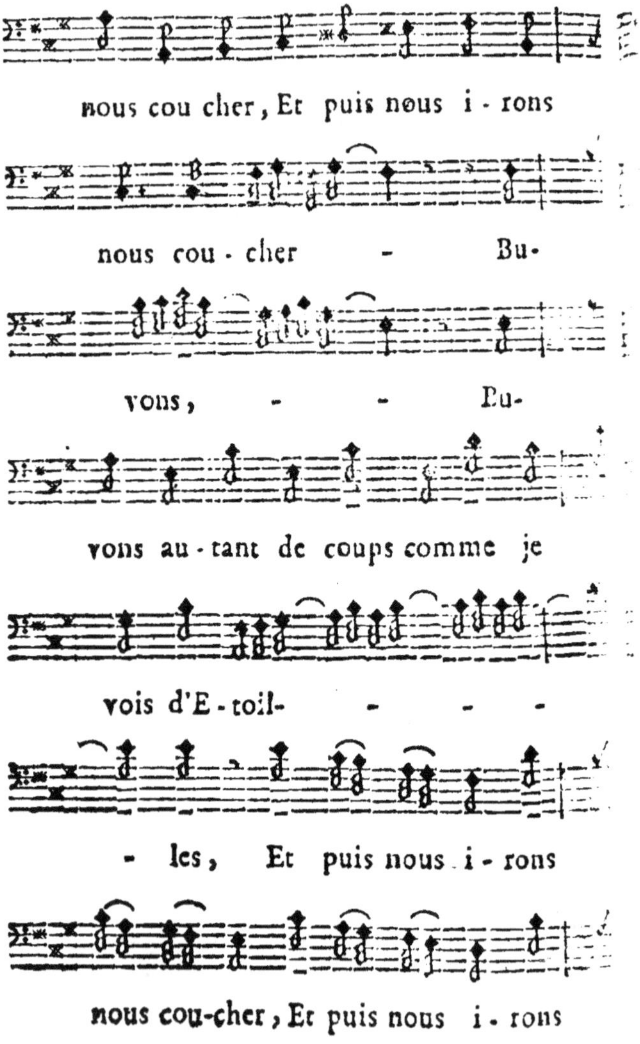

nou

nous cou-cher, Et puis nous i- rons

nous cou - cher -, Et

puis nous i- rons nous cou-cher -

-, Et puis nous i - rons

nous cou- cher.

M 3   J E

Allegro è staccato.
JE m'en - i - vre Li -
set - te, à boi - - - -
- re à ta san - té - -
-, Ba - chus, en ti - re va - ni -
té -, Et me croioit tout prêt, tout
prét à le sui - =
vre:

- vre : vre : Li-
fet - te n'en dis - mot, Li-
fet - te n'en dis mot, Bachus en est le sot -, En
est le sot -, Car c'est d'a-
mour que je m'en - i - vre, Car
c'est d'amour que je m'en i- -

LE BEL AMANT.

Chanson à Danser.

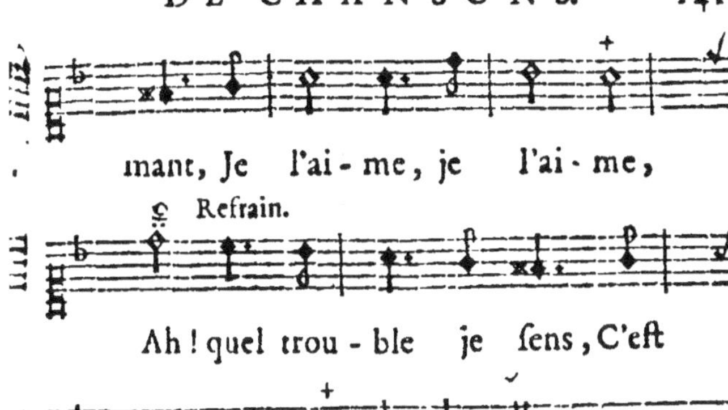

Qu'il eft tendre, qu'il eft charmant, *Bis.*
Que gagnerois-je en l'évitant.
　　Je l'aime, je l'aime,
Ah ! quel trouble je fens,
C'eft l'Amour même.

Que gagnerois je en l'évitant !　　*Bis.*
En tous lieux il me va cherchant.
　　Je l'aime, je l'aime,
Ah ! quel trouble je fens,
C'eft l'Amour même.

En

En tous lieux il me va cherchant,   *Bis.* 
Par tout je le vois quoiqu'abfent!
    Je l'aime, je l'aime,
Ah! quel trouble je fens,
C'eft l'Amour même.

❦

Par tout je le voi quoiqu'abfent;   *Bis.*
Un foir il me trouva revant.
    Je l'aime, je l'aime,
Ah' quel trouble je fens,
C'eft l'Amour même:

❦

Un foir il me trouva revant;   *Bis.*
Hélas! dit-il en foupirant,
    Je l'aime, je l'aime,
Ah*!* quel trouble je fens,
C'eft l'Amour même.

❦ 

Hélas, dit-il en foupirant,   *Bis.*
Pour vous je rêve à chaque inftant.
    Je l'aime, je l'aime,
Ah! quel trouble je fens,
C'eft l'Amour même.

Pour

Pour vous je rêve à chaque inftant. *Bis.*
Mon cœur s'émût en l'écoutant.
Je l'aime, je l'aime,
Ah! quel trouble je fens,
C'eft l'Amour même.

Mon cœur s'émût en l'écoutant, *Bis.*
Et mon trouble en fut le garant.
Je l'aime, je l'aime.
Ah! quel trouble je fens,
C'eft l'Amour même.

Et mon trouble en fut le garant, *Bis.*
Tircis profita du moment.
Je l'aime, je l'aime,
Ah! quel trouble je fens,
C'eft l'Amour même.

Tircis profita du moment, *Bis.*
D'un baifer il me fit préfent.
Je l'aime, je l'aime,
Ah! quel trouble je fens,
C'eft l'Amour même.

D'un

D'un baifer il me fit préfent ,   *Bis.*
Je le reçus en rougiffant.
    Je l'aime, je l'aime,
Ah ! quel trouble je fens,
C'eft l'Amour même.

Je le reçus en rougiffant,   *Bis.*
Hé, qui n'en eut pas fait autant.
    Je l'aime, je l'aime,
Ah ! quel trouble je fens,
C'eft l'Amour même.

Hé, qui n'en eut pas fait autant,   *Bis.*
On foufre trop en refiftant.
    Je l'aime, je l'aime,
Ah ! quel trouble je fens,
C'eft l'Amour même.

On foufre trop en refiftant ;   *Bis.*
Amour prend foin de mon Amant.
    Je l'aime, je l'aime,
Ah ! quel trouble je fens,
C'eft l'Amour même.

Amour

Amour prend soin de mon Amant, *Bis.*
Il est heureux, il est content.
   Je l'aime, je l'aime,
Ah! quel trouble je sens,
C'est l'Amour même.

Il est heureux, il est contant, *Bis.*
Acheve & fait qu'il soit constant.
   Je l'aime, je l'aime,
Ah! quel trouble je sens,
C'est l'Amour même.

PRIERE A L'AMOUR.

Vaudeville.

J'éprouve la froideur,
De la Beauté que j'aime ;
Que ne fuis-je toi-même,
Pour fléchir fa rigueur :
Vien Dieu de Cithère,
Former mes plaifirs,
Donne l'art de plaire,
A mes foupirs.

Puifque tu m'as formé,
Conftant, tendre & fidèle,
J'ai compté de ma Belle,
Etre bien tôt aimé ;

N 2

Vien

Vien Dieu de Cithère,
Former mes plaifirs,
Donne l'art de plaire,
A mes foupirs.

A tous ces noms fameux,
D'Amant tendre & fincère,
Mon cœur toûjours préfère,
Celui d'Amant heureux:
Vien Dieu de Cithère,
Former mes plaifirs,
Donne l'Art de plaire,
A mes foupirs.

Favorife les vœux,
D'un Amant, qui t'implore,
A celle que j'adore,
Infpire mêmes feux:
Vien Dieu de Cithère,
Former mes plaifirs,
Donne l'art de plaire,
A mes foupirs.

COU-

COUPLET BACHIQUE.

Sur le même Air.

C'Eſt dans un verre plein,
Qu'eſt le plaiſir ſolide,
C'eſt dans un verre vuide,
Qu'on trouve le chagrin,
Enfant de la treille,
Je vais boire à toi,
Prens cette Bouteille,
Et bois à moi.

LE DEPIT.

Vivement.

Chien

Chien, & ma Hou - let -
te: te: La Ber - gè -
re pour l'ap - pai - ser, Tu
m'as auf - fi don - né, dit -
el - le, d'un air ten - dre,
Sur ce ga - zon
plus d'un bai - fer, Viens, viens,

Ber-

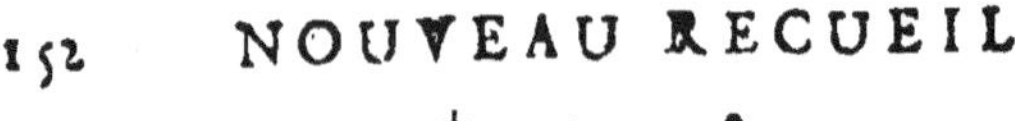

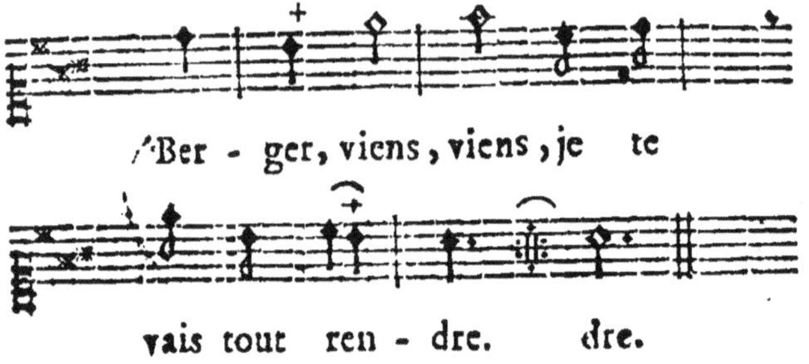

LA SCRUPULEUSE.

dreſſes

dreſ - ſe : Peut - ê - tre
bel - le I - ris, on vous ver-
roit un jour, En fa - veur
de l'Eſ - prit, Par - don - ner
à l'A - mour, En fa - veur de
l'Eſ - prit, Par - don - ner
à l'A - mour. mour.

ME-

MENACES.

Air serieux.

deur.

deur, Mes yeux vous trou - vent
trop de char - mes : mes :'
In - gra - te ce - pen -
dant cef - fez de vous fla -
ter. On gar - de ra - re -
ment un ' cœur qu'on def - ef -
pè - re. Le dé - pit

peut é - xé - cu - ter,
Ce que la rai - son n'a pû
fai - re, Le dé - pit
peut é - xé - cu - ter,
Ce que la rai - son n'a pû
fai - re.

l'HI-

L'HIVER BANNI.

tal à la vi - gne: gne: Sans
dou - te il prend pi - tié de mon
trif - te def - tin, Et voïant la foif que j'en-
du - re il ai - me mieux changer - -, Il ai - me
mieux chan - ger -

l'Or-

l'Or - dre   de   la   Na-
tu - re   que   de   me
voir   man - quer   de
vin.   vin.

TRANSPORT BACHIQUE.

Parodie du Balet de Prothée.

Dieu

Dieu d'A-mour, qui re-gnois sur
moi, Voi Ba-chus tri-om-
pher de toi. J'ai lan-
gui sous ta du-re Loi:
Je suis con-tent de-puis
que je bois. Plus d'A-
min-the; Vi-ve ma

O 3   pin-

BACHUS TROMPEUR.

Recit de Baſſe.

tour: tour: L'A-mour a fut Ba-
chus rem - por - té la vic-
toi-
- re, J'ai noï-
é dès le pré-mier jour Ma rai-
fon a for -ce de boi-

re,

re, Et je n'ai pû noï-
er l'A - mour, Et je n'ai
pû noï - - er
Et je n'ai plus noï - er l'A.
mour.

LE BUVEUR CONTENT.

Duo.

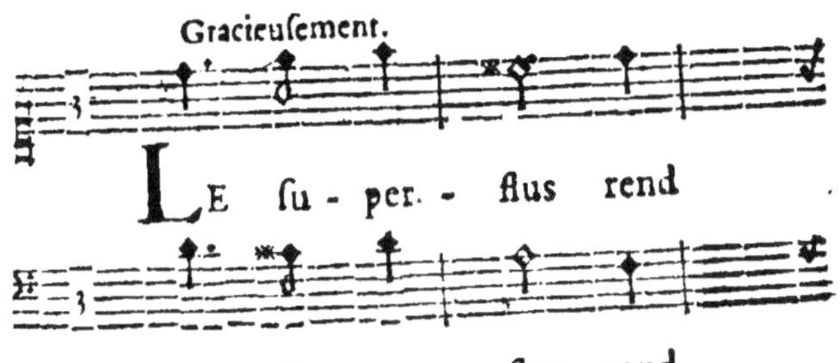

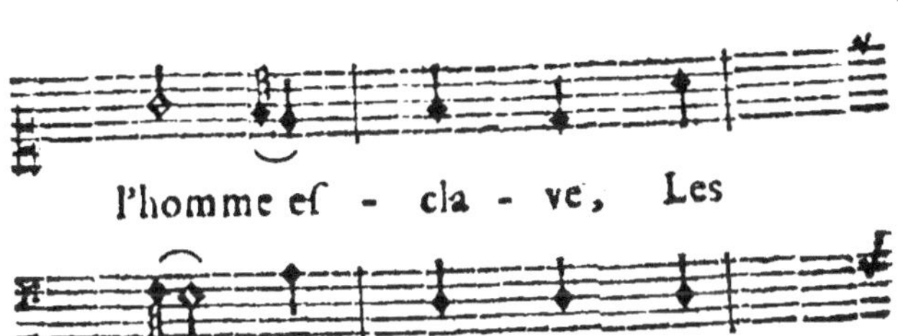

ta - chent le re - pos ;
ta - chent le re - pos ;

Je n'ai pour mai - son qu'u - ne
Je n'ai pour mai - son qu'u - ne

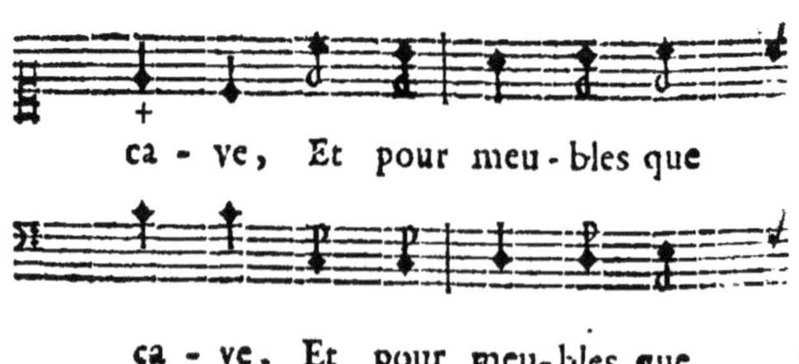
ca - ve, Et pour meu - bles que
ca - ve, Et pour meu - bles que

deux

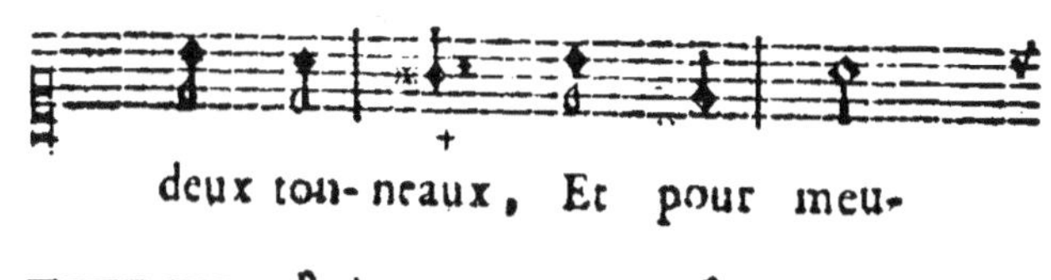
deux ton-neaux, Et pour meu-

deux ton-neaux, Et pour meu-

bles que deux ton-neaux: neaux:

bles que deux ton-neaux: neaux:

L'en - nui n'en-tra ja - mais
L'en - nui n'en-tra ja-

dans

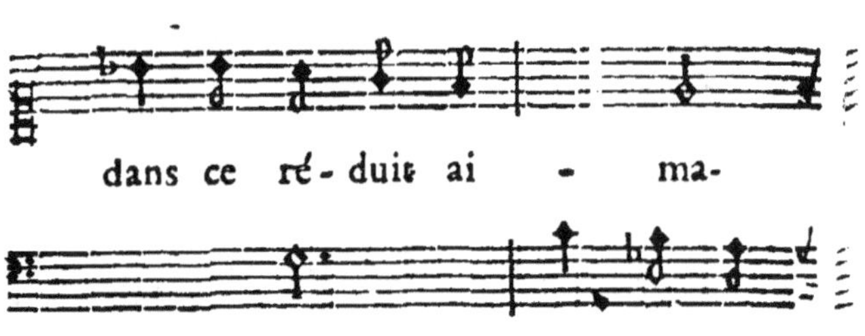
dans ce ré-duit ai - ma-
mais dans ce ré-

ble, J'y bois le
duit ai - ma - ble,

jour, J'y bois le
J'y bois le jour, J'y re-
jour

jour, J'y ré - po -
po - - se, J'y ré-

- se la nuit, J'y ré-
po - se la nuit,

po - - se, J'y re-
J'y bois le jour,

P   pofe

po - se la nuit,
J'y bois le jour, J'y ré-

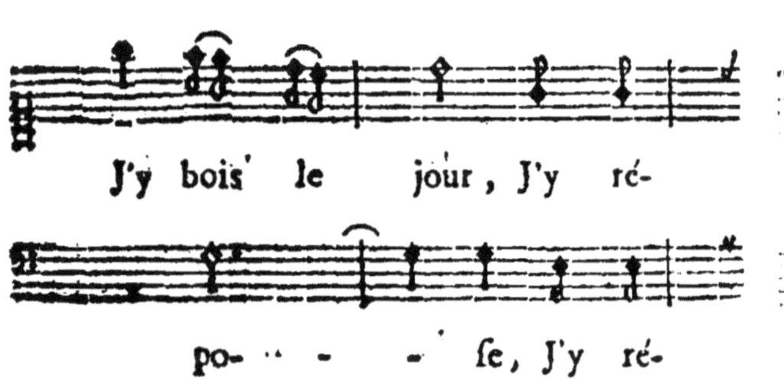
J'y bois le jour, J'y ré-
po - - - se, J'y ré-

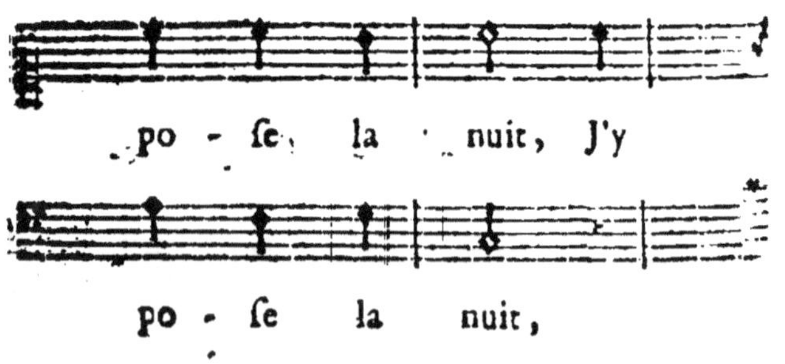
po - se la nuit, J'y
po - se la nuit,

fais

fais d'un Ton-neau   plein
J'y   fais d'un

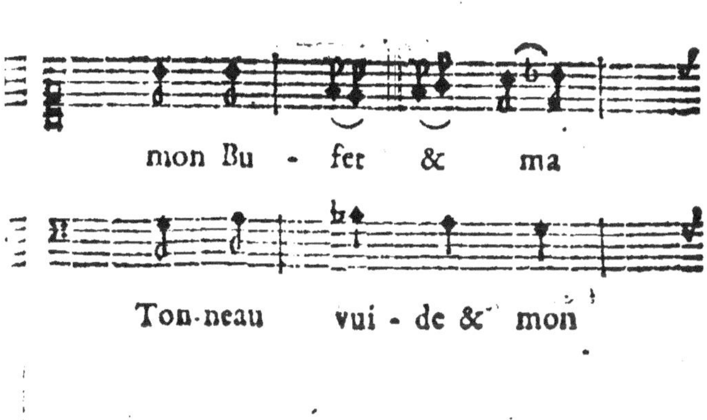
mon Bu - fet & ma
Ton-neau   vui - de & mon

Ta - ble, J'y fais d'un Ton-neau
Siè-ge & mon   lit, J'y

vui-de, Et mon Siè-ge & mon
fais d'un Ton-neau plein mon Bu-

Lit, Et mon Siè-ge & mon
fet & ma ta-

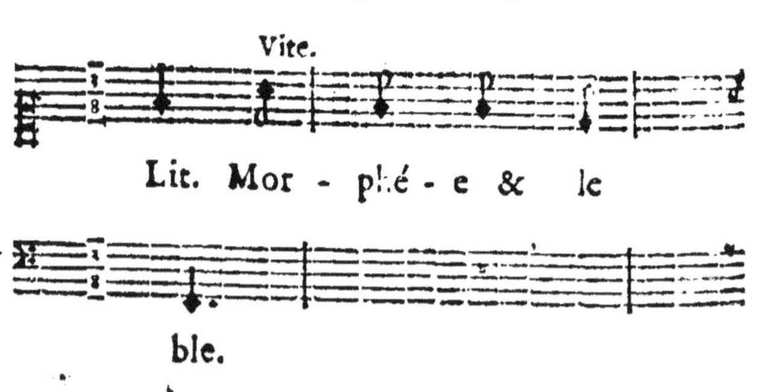

Vite.
Lit. Mor - phé - e & le
ble.

Dieu

Dieu de la Treil- - le, Tour à

tour y rè-glent mon Sort, Je
Vite.
Mor-

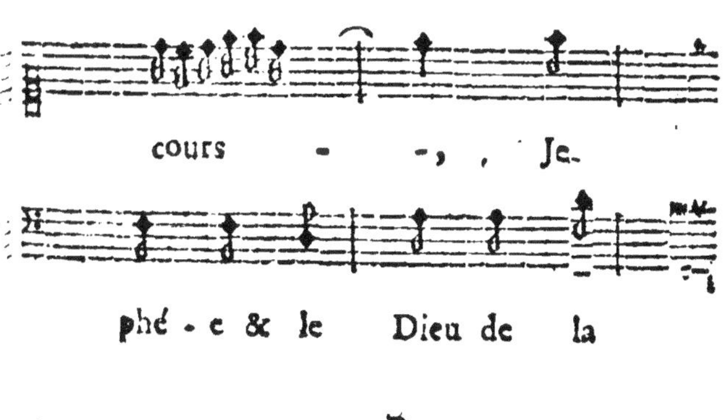

cours -, , Je
phé-e & le Dieu de la

cours au Ton-neau plein quand la
Treil - - le, Tour à
Soif me re - veil - -
tour y rè - glent mon

le, au vui - de quand le
Sort, Je cours - -

Vin

Vin m'en - dort,
-, Je cours au Ton-neau

Quand le Vin, quand le
plein, Quand la Soif me re-

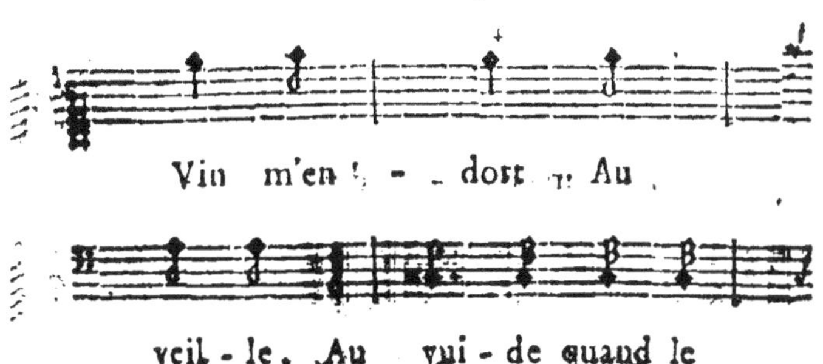
Vin m'en - dort, Au
veil - le, Au vui - de quand le

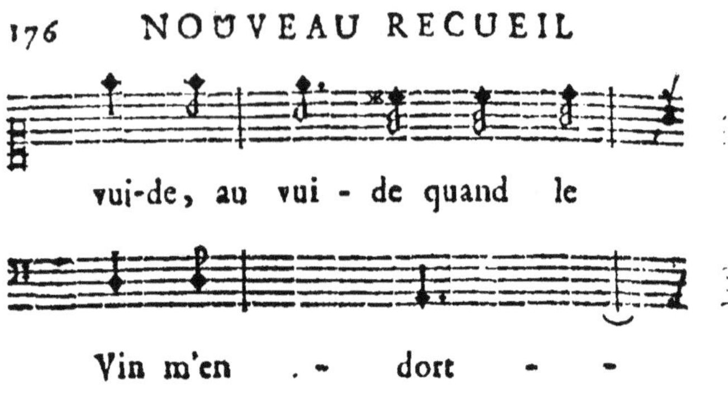

vui-de, au vui - de quand le
Vin m'en . - dort - -

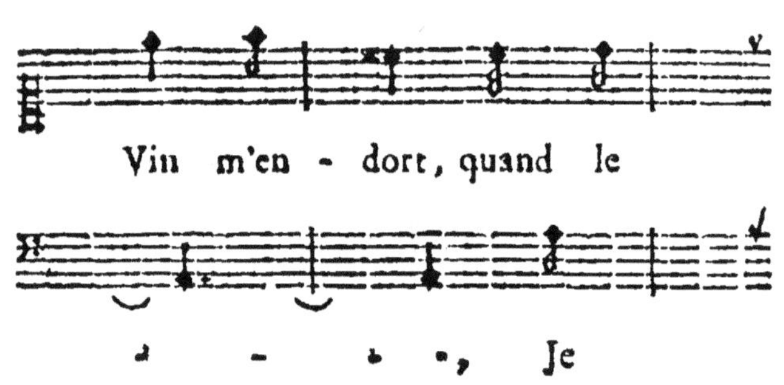

Vin m'en - dort, quand le
Je

Vin m'en - dort -
cours
Je

Je   cours
Au Tonneau

au Ton-neau
plein quand la   Soif me   re

plein quand la   soif me re-
veil-
veille,

veil - le, Quand la   Soif me   re-

z   le,   au   vui - de quand le

veil- · · · ·

Vin m'en - dort,   Je

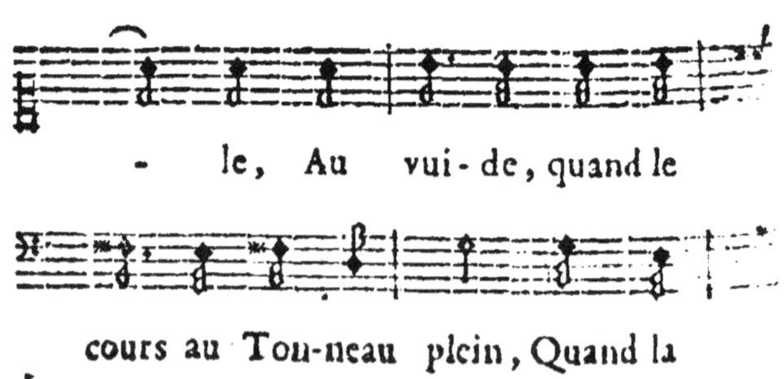
- le, Au   vui - de, quand le

cours au Ton-neau plein, Quand la

Vin

Vin m'en - dort, quand le
Soif me re - veil - -

Vin m'en - dort -
- le, Au vui - de, quand le

Lentement.
-, quand le Vin m'en - dort.
Lentement.
Vin, quand le Vin m'en - dort.

XX

MAR-

MARCHE

Du Régiment de la Calotte.

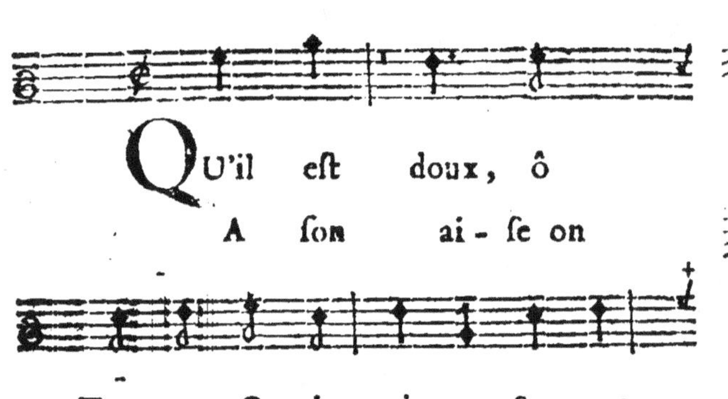

Trou - pe Ca - lo - ti - ne, Sous vos
y rit, on fef - ti - ne, Du Voi-

loix de ve - nir s'en- rô - ler;
fin on y fait con-trol - ler:

I - ci main-te fa - ce ru - bi-

con - de, A boi - re nous fe-

conde : .

Du fameux ordre de la Calotte,
Redoutez les décrèts trop mutins,
Le pouvoir de fa fine Marotte,
Se répand jufqu'aux païs lointains.

Tout chez nous se pèse & s'examine,
Tout passe à l'étamine,
Tout nous craint, & de tous les froids Auteurs,
Des sots Acteurs, des faux Chanteurs,
Et des ignorans Connoisseurs
Nous sommes les Censeurs.

Quand Phœbus du haut du Mont-Parnasse
Fait entendre d'ennuyeux Concerts,
Nous ne lui faisons aucune grace,
Nos sifflets répondent à ses Airs.
Rien n'arrête notre esprit critique,
Nous frondons la Musique,
Nous lançons mille traits, mille lardons,
Nous composons dessus ses Sons,
Nous contrefaisons ses Chansons
Et les turlupinons.

Nous voions ce grand Actionnaire,
Champignon du Païs Quinquempoix,
Eprouver la fortune contraire,
Et son char ne rouler qu'un seul mois:

Pour entretenir ses équipages,
Et pour nourrir ses Pages,
Il reçoit par nos mains de bons Brevets,
Nous le mettons de nos Sujets,
Nous couronnons tous ses souhaits
Et ses riches projets.

Bacchus joint au Dieu de la Satyre,
Chaque jour vient trinquer avec nous ;
Nous avons toûjours sujèt de rire,
Au besoin nous nous censurons tous.
En buvant nous mêlons au Caustique
Beaucoup de sel attique ;
Quand nous sommes en train, tous nos propos,
Tous nos bons mots, enfans des pots,
Qui naissent aux dépens des Sots,
Egaient nos Ecots.

Un Rêveur petri de politique,
De lui-même assez embarassé,
A son gré change la Republique,
En prenant sa tasse de caffé ;

Q 2   Prend

Prend des Villes & donne des Batailles
Entre quatre murailles ;
Il reçoit par nos mains de bons Brevets,
Nous le mettons de nos Sujets,
Nous couronnons tous ses souhaits,
Et ses vastes projets.

Lorsqu'auprès d'une Beauté naissante,
Nous voïons Amans à cheveux gris ;
Quand le cœur d'une Vieille Mourante,
D'un Cadèt aussi se trouve épris.
Pour célèbrer un amour si tendre,
Qui renait de sa cendre ;
Ils reçoivent par nous de bons Brevets,
Nous les mettons de nos Sujets,
Nous couronnons tous leurs souhaits
Et leurs tendres projets.

MAR.

MARCHE

Des Philosophes du Regiment de la
Calotte.

Je me ris des pré-cep-tes du
fa - ge; Sans pro - cès, fans
fem - me & fans mé - na-ge,
J'ai la li-ber - té, La tran-
qui-li - té, J'ai de la fan-
té, De la gai - té, Dans mes
: fens, eft ma bé - a - ti - tu-de;

Affer.

Af-fran-chi de tou te in qui- é-
tu - de, Mon ef - prit fit
toû- jours fon é - tu - de
Des at - traits de la vo - lup -
té. té.

LE BUVEUR PREVOIANT.

Recit de Baſſe.

gne: gne: Je veux, pour mar-
quer ma dou - leur, Et pre-ve-
nir un tel mal - heur,
Gai.
Boi- - re en un feul re-
pas, Boi- - re en un
feul re - pas, Boi- -
re en un feul re - pas, tout le

Jus

Jus de ma Vi - gue.
Boi - - - -
- re en un feul re - pas, tout le
Jus de ma Vi - gne,
Lentement.
tout - - le Jus de ma
Vi - gne.   gne.

LE PETIT DOIT DE VIN.

Menuet.

Vin,

Vin, Fait qu'A-mour def-cend

dans mon fein, Un pe-tit

Doit de ce bon Vin, Me met

en train. train.

L F.

LE SAGE BUVEUR.

Recit de Basse.

S'il é - toit plus trai - ta - ble, S'il é -
toit rai - fon - na - ble, Il pour-
roit ri - re a - vec nous; Mais,
Mais nous n'ai - mons point
les Foux. S'il é - toit
plus trai - ta - ble, S'il é - toit
rai - fon - na - ble, Il pour-

ront

roit   ri- re a - vec   nous; Mais,

Mais, nous n'ai - mons point les

Foux.Mais,   Mais,   Mais, nous

n'ai - mons point les Foux. Foux.

L'AMI DE TOUT LE MONDE.

Vaudeville.

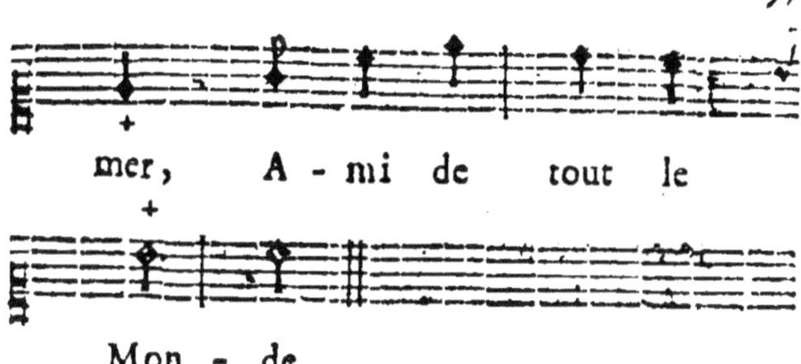

L'Amour propre des Grands Seigneurs,
Fait le revenu des Flatteurs,
C'est où leur fortune se fonde,
En parlant trop sincèrement,
On n'est pas ordinairement
  Ami de tout le Monde.

L'Amant discret par cent détours,
Sait réüssir dans ses Amours,
Sans que l'Epoux jaloux en gronde,
Heureux entre tous les Amans,
Il peut se dire en même tems,
  Ami de tout le Monde.

Quand j'aime, j'aime uniquement,
Je parle toûjours franchement,
Comme le corps, j'ai l'ame ronde,
Il ne faut rien faire à demi,
Je compte pour rien un Ami,
　　Ami de tout le Monde.

Prêtez l'argent sans intérêt,
Ne le redemandez jamais,
Qu'en bon Vin votre Cave abonde,
Ouvrez la porte à tous venans,
Et vous serez en peu de tems
　　Ami de tout le Monde.

L'Epoux commode l'entend bien,
Il ne s'embarasse de rien,
Cependant chez lui tout abonde,
Pour peu que sa Femme ait d'esprit,
Il est bien-tôt par son crédit,
　　Ami de tout le Monde

Aux

Aux Badaux donnez de l'encens,
Aux Gascons des repas frians,
Aux Brêtons buvez à la ronde,
Ne demandez rien aux Normands,
Et vous serez en peu de tems,
  Ami de tout le Monde.

LE PLAISIR.

plie,

pli - e L'Or qu'il che - rit a-
vec ar - deur, Le Pro-
di - gue, le fa - cri - fi-
e. C'eft le plai - fir
qui juf - ti - fi - e
L'am - bi - ti - eux fuit la gran-
deur, L'in do - lent la voit fans envie,

vi - e, Le Bra - ve fait
tout pour l'hon-neur, Et le Pol-
tron tout pour la vi - e, C'eſt
le Plai - ſir qui juſ - ti-

fi - e.

LES DEBAUCHEUSES.

Chanson à danser.

Pour

Près de là , par avanture,
Paſſe un Manant jeune & frais,
D'une aſſez bonne encolure,
Mais d'un maintien ſot & niais :
Mornonbilles,
Que ces Filles,
Pour débaucher les Garçons;
Mornonbilles,
Que ces filles,
Ont de drôles de façons.

Oh;

Oh, vraiment, dit la plus fine,
Nous ne perdrons pas nos droits:
Ce drôle a toute la mine
De pouvoir païer pour trois.
Mornonbilles,
Que ces Filles,
Pour débaucher les Garçons;
Mornonbilles,
Que ces Filles,
Ont de drôles de façons.

On l'appelle, il se présente,
Et voïant sur le gazon,
Un déjeuné qui le tente,
Y prend place sans faç·n.
Mornonbilles,
Que ces Filles,
Pour débaucher les Garçons;
Mornonbilles,
Que ces Filles,
Ont de drôles de façons.

Ne l

Ne faudra-t-il pas te battre.
Pour te faire boire un coup :
Non, j'en boirai plus de quatre,
Si le Vin est de mon goût.
Mornonbilles,
Que ces Filles,
Pour débaucher les Garçons;
Mornonbilles,
Que ces Filles,
Ont de drôles de façons.

Aïant repû, sans mot dire,
S'en alloit saus dire mot,
Tout doux, lui dit-on, beau Sire,
Il faut païer votre écôt.
Mornonbilles,
Que ces Filles,
Pour débaucher les Garçons;
Mornonbilles,
Que ces Filles,
Ont de drôles de façons.

Moi païer, quelle misère !
Je n'ai pas vaillant cinq sous.
Eh bien pour sortir d'affaires,
Tu danseras avec nous.
Mornonbilles,
Que ces Filles,
Pour débaucher les Garçons,
Mornonbilles,
Que ces Filles,
Ont de drôles de façons.

Ah, dit-il, pour danser, passe,
Je ferai bien cet effort,
Si je n'ai pas bonne grace,
J'ai du moins le jarrèt fort.
Mornonbilles,
Que ces Filles,
Pour débaucher les Garçons ;
Mornonbilles,
Que ces Filles,
Ont de drôles de façons.

La prémière, entrant en danfe,
Fit avec lui du chemin,
Bien qu'il chargeât la cadance,
Il lui fit aller bon train.
Mornonbilles,
Que ces Filles,
Pour débaucher les Garçons;
Mornonbilles,
Que ces Filles,
Ont de drôles de façons.

Du Garçon l'autre Danfeufe,
Au moins ne fe plaignit pas,
La troifieme moins Chanfeufe,
S'apperçut qu'il étoit las.
Mornonbilles,
Que ces Filles,
Pour débaucher les Garçons;
Mornonbilles,
Que ces Filles,
Ont de drôles de façons.

Auffi

Auſſi , dit-il , la dernière
Vous n'auriez pas dû paſſer,
De bien plus gaïe manière
Vous n'auriez vû tremouſſer.
Mornonbilles ,
Que ces Filles ,
Pour débaucher les Garçons ;
Mornonbilles ,
Que ces Filles ,
Ont de drôles de façons.

❊

Vous plait-il que je revienne ?
Oui, revien demain au ſoir ;
Eh bien qu'à cela ne tienne ,
Serviteur juſqu'au revoir.
Mornonbilles ,
Que ces Filles ,
Pour débaucher les Garçons ;
Mornonbilles ,
Que ces Filles ,
Ont de drôles de façons.

LE

LE MALHEUREUX TRANSPORT.

reux, Ren-de un ten- dre A - mant
mal - heu - reux. Faut, &c. reux.

DOUBLE.

Il a - voit pris
à cet - te Bel - le,
Un bai - fer qui
n'eût pas de - plû; Mais de
loin Do - ris l'a voit vû; E-

toit - ce un su - jèt de que-
Refrain.
rel - le: Faut - il
qu'un Tranf - port a - mou-
reux, Ren-de un ten- dre Amant
mal-heu - reux. Faut, &c. reux.

LA PREFERENCE.

LE COIN.

Couplets.

CHOEUR.

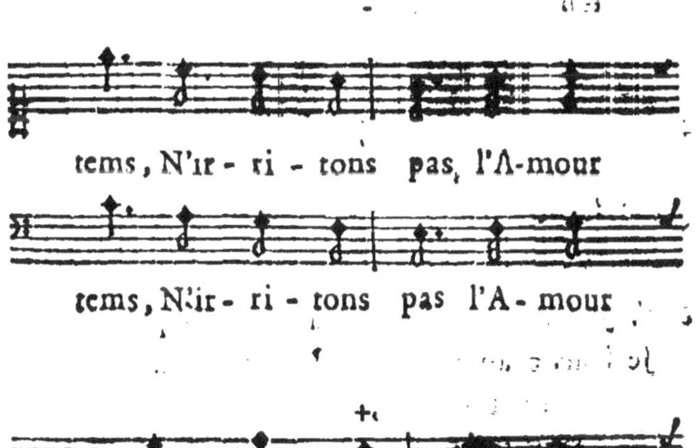

C'eſt

S E U L.

Seul. J'ai toûjours le ſoin de vos troupeaux,
Je vous chante en vain des Airs nouveaux,
Dans un Coin,
Sans temoin.
Tous. Pour aimer nous n'avons qu'un tems,
N'irritons pas l'Amour dans nos beaux ans.

Do

Seul. De vos yeux à jamais enchanté,
Un regard fait ma félicité,
    Dans un Coin,
    Sans témoin.
Tous. Pour aimer nous n'avons qu'un tems,
N'irritons pas l'Amour dans nos beaux ans.

Seul. J'ai quitté Celimene pour vous,
Ah ! ne puis-je embrasser vos genoux,
    Dans un Coin,
    Sans témoin.
Tous. Pour aimer nous n'avons qu'un temps,
N'irritons pas l'Amour dans nos beaux ans.

Seul. De ce Dieu qui m'enflamme à jamais,
N'osez-vous éprouver quelques traits,
    Dans un Coin,
    Sans témoin.
Tous. Pour aimer nous n'avons qu'un tems,
N'irritons pas l'Amour dans nos beaux ans.

Vous

Seul. Vous voïez l'excès de mes feux,
  Pardonnez mes tranfports amoureux,
    Dans un Coin,
    Sans témoin.
Tous. Pour aimer nous n'avons qu'un tems,
  N'irritons pas l'Amour dans nos beaux ans.

Seul. A l'entendre, Iris prenôit plaifir,
  Et ne pût refuſer un ſoupir,
    Dans un Coin,
    Sans témoin,
Tous. Pour aimer nous n'avons qu'un tems,
  N'irritons pas l'Amour dans nos beaux ans.

Seul. Cette Belle y trouva tant d'appas,
  Qu'à l'inftant elle lui dit tout bas,
    Dans un Coin,
    Sans témoin.
Tous. Pour aimer nous n'avons qu'un tems,
  N'irritons pas l'Amour dans nos beaux ans.

LE BUVEUR CONVERTI,

Recit de Basse.

ter la vic- toi - - -
- - - re: re:
Ce - pen- dant à mon cœur tu
n'o - fres plus d'ap - pas ; Il
chan - ge ; ton ri - val l'en-
chai - - - -
ne, Et lui fait
pré-

pré - fé - rer   à   tes plus doux

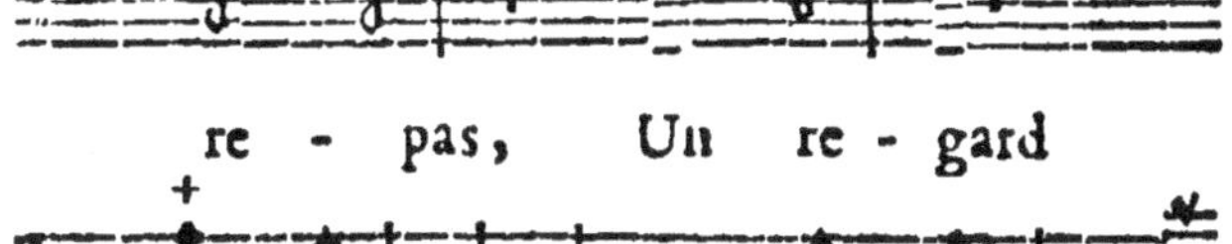
re - pas,   Un   re - gard

de Cli - me - ne. Et lui

fait pré - fé - rer à   tes .

plus doux re - pas, Un re - gard,

un re - gard   -   -

de Cli - me - ne.

LE

LE PARFAIT IVROGNE.

boit

boic qu'a - vec me - fu - re, On
ne dit point de bons mots, Du
moindre joï - eux pro - pos Chacun à l'inf - tant mur - mu-
- - - - re,
Cha - cun à l'inf - tant mur-
mu-

re, Vi - ve le Ca - ba-
ret, Sans crain - dre la Sa-
- ti - re, A son gré l'on
y fait tout ce que l'on
de - si - re, Vi - ve le
- Ca - ba - ret, Sans crain - dre
la Sa - ti - re, A son

gré

LA BELLE MAIN.

Rondeau.

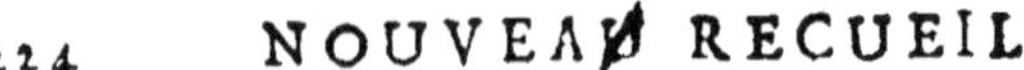

Seul. Quel charmant glouglou,
    Sans cesse je m'écrie,
    Encor un coup.
Tous. De ta main quand je bois ma Silvie,
    Mon destin est d'en prendre sans fin.

Seul. Près de toi l'on sent,
    Le plaisir de la vie,
    Le plus charmant.
Tous. De ta main quand je bois ma Silvie,
    Mon destin est d'en prendre sans fin.

Seul.

Seul. Les plus doux appas,
   Qu'en tous lieux on publie,
   Ne valent pas.
Tous. De ta main quand je bois ma Silvie,
   Mon destin est d'en prendre sans fin.

Seul. Au son de ta voix,
   C'est la pure Ambroisie,
   Que je reçois.
Tous. De ta main quand je bois ma Silvie,
   Mon destin est d'en prendre sans fin.

LE

LE PENCHANT.

Air.

Son cœur y con - sent, D'un dif-
cours si ten - dre, L'on veut
se dé - fen - dre, Mais un
doux pen - chant, La for ce à se
ren - dre, Aux soins d'un A - mant.

L'AMOUR ET LA RAISON.

Vaudeville.

Toûjours que si jamais que non,
J'ai mis l'Amour à la Raison ;
Nous allons bruler l'un pour l'autre,
Que tout sente ici nôtre ardeur ;
Dès que j'aurai fait son bonheur,
Je travaillerai pour le vôtre.

Je ne crains plus que la Raison
Puisse jamais dire que non ;
Pour mieux assurer mon Empire,
Je me suis rangé sous le sien,
Et je vais m'y prendre si bien,
Qu'elle ne pourra s'en dédire.

Il faut aimer à l'unisson,
Toûjours que si jamais que non.
Trop heureux qui suit ma méthode,
Et qui ne s'en lasse jamais,
Dès ce moment je lui promèts,
Qu'il sera bien-tôt à la mode.

✾

Amour, disoit un vieux Gascon,
Je ne dirai jamais que non,
On lui fit tenter l'avanture,
Il prétendoit dire que si ;
Mais il se trouva si transi,
Qu'il perdit bien-tôt la gageure.

✾

Suis-je dans l'âge de raison ?
Je dis que si, Maman que non,
Faites-moi sortir de l'Enfance,
Dieu d'Amour, comblez mes désirs,
Et pour avancer mes plaisirs,
Expediez moi ma dispence.

L'HIMEN.

Couplet.

ré - e, Pour - ſui - vre ſa bê-

te é-ga-ré - e, Et fans qu'il
y foit quel-que - fois, Les A-
mours en font la cu-ré-
e, On ne lui laif-fe
que le Bois. Il, &c. Bois.

LE CHASSEUR.

Vaudeville.

Pour moi j'y vai toûjours en quête,
De quelque agréable tendton,
Tontaine ton, &c.
A ſes allures je m'arrête,
Pour voir s'il eſt courable ou non.
Ton, ton, ton, &c.

Pour

Pour me bien mettre fur la voïe,
Je prends pour limier Cupidon,
Tontaine ton, &c.
Je lui retiens ou lui déploïe,
Le trait felon l'occafion.
Ton, ton, ton, &c.

Quand j'ai connu des Repofées,
Je monte fur mon Etalon,
Tontaine ton, &c.
Je vai fraper à mes brifées,
Appuïant & fonnant du ton.
Ton, ton, ton, &c.

Quand aux abois la Bête eft mife,
A lever le pied, je fuis prompt,
Tontaine ton, &c.
Mais je ne fonne point la prife,
Comme bien d'autres Chaffeurs font.
Ton, ton, ton, &c.

LA FOLLE CONSTANCE.

Musette.

en - chan - té d'el - le, Grands

Dieux, qu'el-le a - voit d'at-traits ! U-

ne A-man - te fi bel - le

Et fi - del - le , Ne fe trou-

va ja - mais. Tous les

jours je la quit - te,

Du moins je le croi: Quand

je

je la re - voi, j'hé-
fi - te, Tout m'a - gi-
te, J'y vo - le en - cor

mal - gré moi. &c.

LE RETOUR DES VENDANGES,

Croïez-

Croï - ez - moi, Croï - ez-
moi, laiſ - fez - là le Printems & l'A - mour, Pour chanter - -, Pour chan-ter tour à
tour le re - tour des Ven-
dan - ges: Il n'eſt point de
plus beau re - tour. Pour chan-

ter - -, Pour chan - ter tour à
tour le re - tour des Ven - dan-
ges; Il n'eſt point de plus beau re-
tour. Il n'eſt point, Il n'eſt
point de plus beau re- tour,

L'AMANT SOUMIS.

Air serieux.

tous si ton pou - voir m'en-
fla - me, Viens en-
cor ten-dre A - mour, vien ré-
gner - - dans mon a-

me. me.

LE REPAS D'AMIS.

peſt

S'il doit régler nos foins & nos défirs,
C'eft dans l'ardeur d'un galand tête à tête:
Regards, tranfports, doux & tendres foupirs,
Y font trouver la fource des plaifirs;
Mais en ces lieux ils troubleroient la Fête.

Prens y leur place, aimable Liberté,
La bonne chère & le Vin te font naitre:
Chants & bons mots, que produit la gaité,
Déploïez-vous, brillez en sureté;
Tout est permis ou Bacchus est le maitre.

Belles, souffrez que le reste du jour,
Il puisse au moins relacher notre chaine:
La nuit viendra, vous aurez votre tour;
Et nous serons plus propres à l'Amour,
Lorsqu'en buvant nous aurons pris haleine.

RONDE DE TABLE.

CHOEUR.

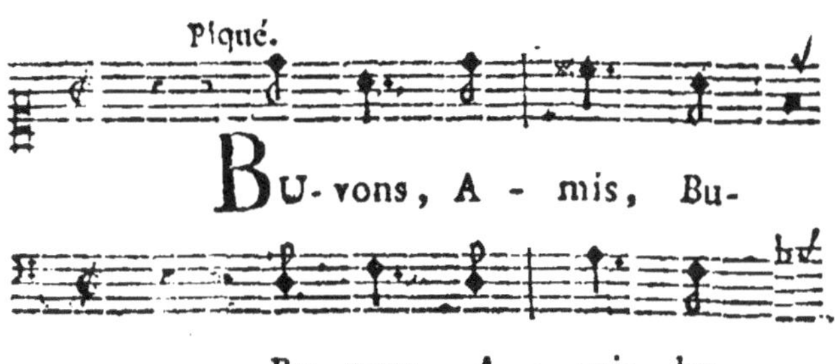

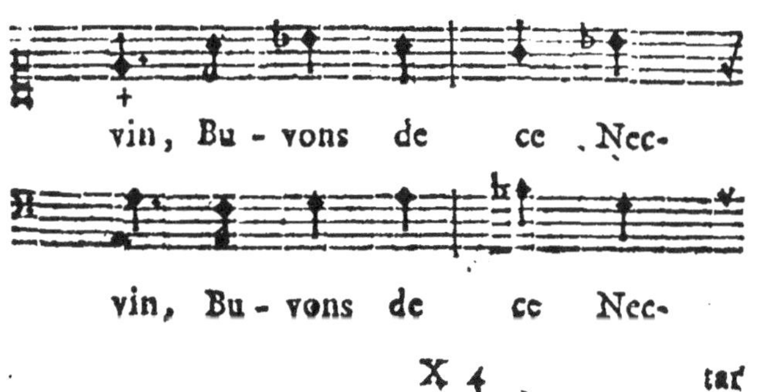

tar

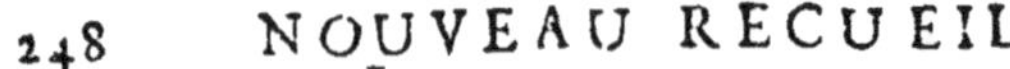

tar di - vin.
tar di - vin.

S E U L.

Nos Bel - les qu'il rend plus hu-

mai - nes, Nous a - ga-

cent le ver - re en

main.

CHOEUR

CHOEUR.

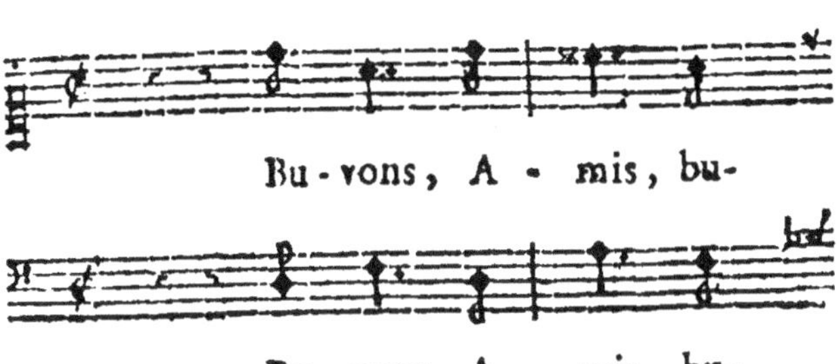
Bu - vons, A - mis, bu-
Bu - vons, A - mis, bu-.

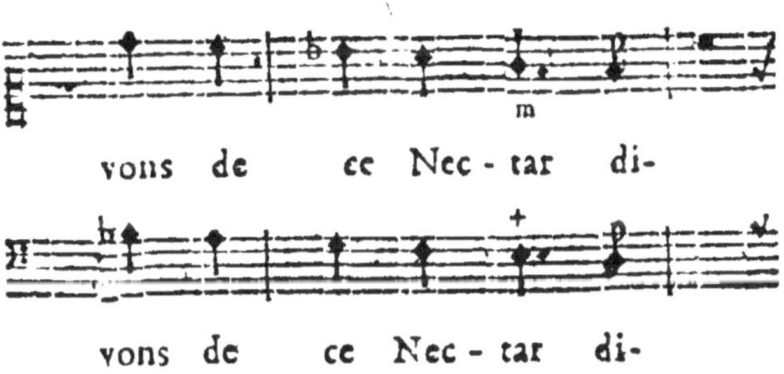
vons de ce Nec - tar di-
vons de ce Nec - tar di-

vin, Bu - vons de ce Nec-
vin, Bu - vons de ce Nec-
tar

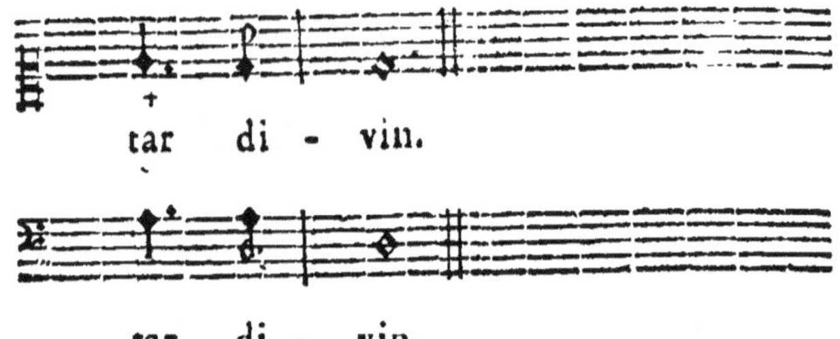
tar di - vin.
tar di - vin.

SEUL.

Bac - chus fait dans leurs
yeux, Pour a - dou - cir nos
pei - nes, Bril - ler le
feu qu'A - mour a fait naitre en leur sein.

CHOEUR

CHOEUR.

Bu - vons, A - mis, bu-

Bu - vons, A - mis, bu-

vons de ce Nec - tar di-
vons de ce Nec - tar di-

vin, Bu - vons de ce Nec-
vin, Bu - vons de ce Nec-
tar

tar di - vin.

tar di - vin.

S E U L.

Nous pos- se - dons en - cor

dou - ze Bou-teil- les   plei - nes,

for - ce bons mots, Point de cha-

grin, Et   sur   tout des

Chan-

Chan - fons d'un gout vif &
ma - lin.

CHOEUR.

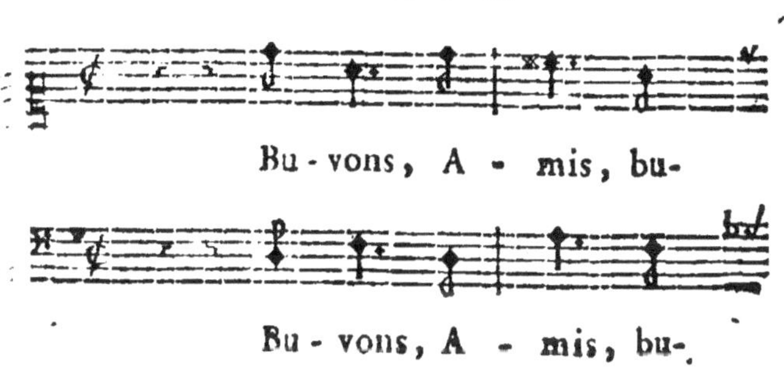
Bu - vons, A - mis, bu-
Bu - vons, A - mis, bu-

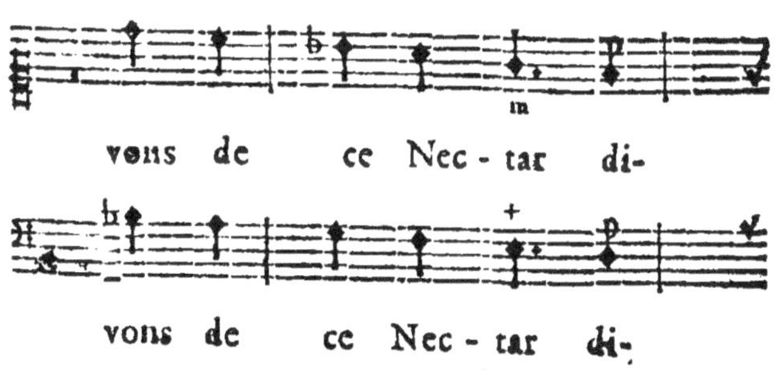
vons de ce Nec - tar di-
vons de ce Nec - tar di-

vin, Bu - vons de ce Nec-
vin, Bu - vons de ce Nec-

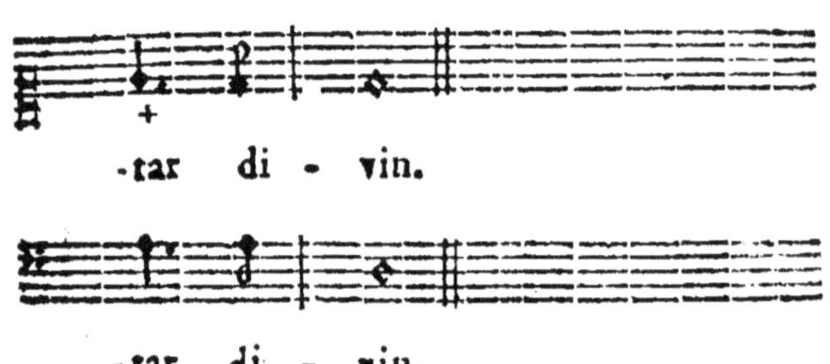
-tar di - vin.
-tar di - vin.

S E U L.

Si la trif - te rai - fon,
Par des al - lar - mes vai - nes,

D'un

D'un re - pas si char-mant veut

a - van - cer la fin, En - y - vrons-

la, En - y - vrons - la de ten -

dref - fe & de Vin.

CHOEUR.

Bu - vons, A - mis, bu-

Bu - vons, A - mis, bu-

vous de ce Nec - tar di-
vous de ce Nec - tar di-

vin, Bu - vons de ce Nec-
vin, Bu - vous de ce Nec-

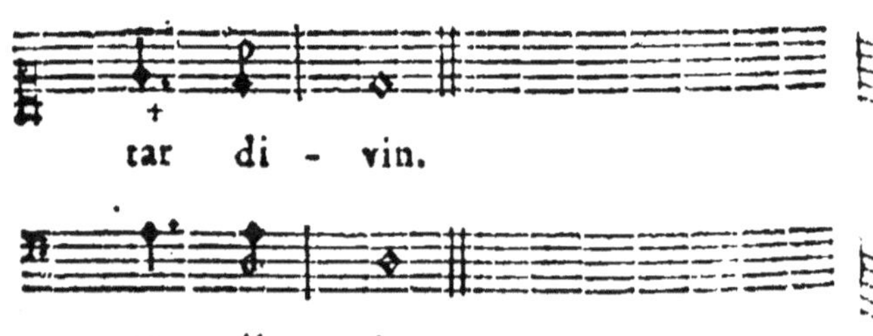
tar di - vin.
tar di - vin.

VAUDEVILLE.

Y 3

Tant que le Monde durera,
Le Flambeau du Dieu d'Hymenée,
Fort peu brillera :
D'abord l'Amour l'allumera :
Mais dès la seconde journée,
Son feu s'éteindra.

Tant que Fillette fermera
L'oreille à qui viendra se plaindre,
Sa vertu luira :
Mais si-tôt qu'elle écoutera,
On verra sa vertu s'éteindre,
Comme à l'Opera.

Vai-

Vainement un Barbon voudra
Triompher auprès d'un Belle,
  Son tems il perdra :
En vain il se redressera
De son feu la foible étincelle,
  Bien-tôt passera.

Tant qu'un Amant dépensera,
Près d'une vestale en détrempe,
  Le feu durera :
Chaque présent l'attisera ;
Mais si l'huile manque à la lampe
  Le feu s'éteindra.

VAUDEVILLE.

On ne   peut quoi que l'on
faſ- ſe, S'em - pê- cher d'ai - mer
à   ſon   tour: tour: Les
Poiſ- ſons tom - bent dans la
naſ - ſe,   Les cœurs ſe
tou - re- lou - re, lou - re,
lou - re, lou - re, lou - re-
lour,

Tout le long de la Rivière,
Nos Mariniers vont tour à tour,
Me difant, belle Batelière,
Je voudrois toureloure, &c.
Je voudrois te parler d'Amour.

Dans l'humide fein de l'Onde,
Cupidon tient auffi fa Cour :
C'eft vouloir dépeupler le Monde,
Que de nous toureloure, &c.
Que de nous défendre l'Amour.

Je

Je me ris de leur langage,
Et j'en crois maître Nicolas,
C'est un homme prudent & sage,
Qui me dit na......ge,
Nage toûjours, ne t'y fis pas.

Paroles sur la

BAVAROISE

Contredanse.

mais trou-bler nos jeux.   Du
Dieu d'A-mour, Un jeu-ne
cœur eſt preſque aſ-ſu-ré du re-
tour, Et   ra-re-ment Il
ſou-fre un long tour-ment, A-
vec Bac-chus, s'il s'en-dort,
il s'é-veille en fa-veur de Ve-

Paroles ſur la

SURPRISE

Contredanſe.

tin, Con-roit lui cher-cher du

Vin: Mais d'un œil ma-

lin, Vous lui dit - el - le,

C'eſt ba - ga - tel - le, Pau - vre
Me - de - cin, Tu n'en-tends

guè - res le La - tin. L'au-tre, &c.

LE BICHON.

Vaudeville.

Pour

La belle Aſtrée,
Si célébrée,
Ainſi plut au beau Celadon,
Ainſi la Belle étoit coeffée,
Chantant ſur le bord du Lignon,
Pour la parure,
D'une Coeffure,
Rien n'eſt ſi galant qu'un Bichon.

Trop

Trop incommode,
Etoit la mode,
De porter des cheveux si longs,
On a changé cette méthode,
On les papillote en Marons.
Pour la parure,
D'une Cœfure,
Rien n'est si galant qu'un Bichon.

On tond la plaine,
On tond la laine,
Et Cerès tond ses cheveux blonds ;
Quitte aussi ta parure vaine,
Tous tes cheveux & tes moutons,
Pour la parure,
D'une Cœfure,
Rien n'est si galant qu'un Bichon.

Quand belle Blonde,
Ta tête ronde,
Quitera sa belle Toison,
Pour s'en parer parmi le Monde,

Heu-

Heureux qui fera ton Jafon,
      Pour la parure,
      D'une Coefure,
Rien n'eft fi galant qu'un Bichon.

⁂

      Tête naiffante,
      Eft plus riante,
Au tems de la belle Saifon,
Chevelure eft embaraffante,
Quand on danfe fur le gazon,
      Pour la parure,
      D'une Coefure,
Rien n'eft fi galant qu'un Bichon.

⁂

      Pour la tournure,
      De la frifure,
Belle emploïé nous fans façon,
Crainte que le tems ne vous dure,
Je vous chanterai ma Chanfon.
      Pour la parure,
      D'une Coefure,
Rien n'eft fi galant qu'un Bichon.

LE MARIAGE.

De Jean & de Jeanne.

Suite du Bouquet, *page* 76. *du premier Volume, & sur le même Air.*

Si toute Maitresse est Jeanne,
Et si tout Amant est Jean,
La femme est un autre Jeanne,
Et l'Epoux un autre Jean :
  Jean aime Jeanne,
  Jeanne aime Jean,
Joli, joli Jean aime jeune Jeanne,
  Jeanne, jeune Jeanne,
  Aime joli Jean.

Jean vient donc d'épouser Jeanne,
Jenne est la Femme de Jean ;
Jean ne reconnoit plus Jeanne,
Et Jeanne méconnoit Jean :

Jean gronde Jeanne,
Jeanne fuit Jean,
Mari, Mari Jean gronde jeune Jeanne,
Femme, femme Jeanne
Fuit Mari Jean.

Tout ce qui revient à Jeanne,
Est sûr de déplaire à Jean;
Quand vous verrez rire Jeanne,
Vous entendrez gronder Jean:
Jean gronde Jeanne,
Jeanne fuit Jean,
Mari, Mari Jean gronde jeune Jeanne,
Femme, femme Jeanne
Fuit Mari Jean.

Les mèts qui ragoutent Jeanne,
Soulevent le cœur à Jean;
Le lit où va coucher Jeanne,
Ce n'est plus le lit de Jean:

Jean gronde Jeanne,
Jeanne fuit Jean,
Mari, Mari Jean gronde jeune Jeanne,
Femme, femme Jeanne
Fuit Mari Jean.

Le jour qu'expirera Jeanne,
Sera le beau jour de Jean ;
On ne verra danſer Jeanne,
Que ſur la foſſe de Jean :
Jean gronde Jeanne,
Jeanne fuit Jean,
Mari, Mari Jean gronde jeune Jeanne,
Femme, femme Jeanne
Fuit Mari Jean.

LE PAPILLON.

Du

Du Flam - beau bril - lant
qui l'ap - pel - le. le. En
moins d'un inf - tant le badin cent fois tour - - -
- ne, a-van-ce & re - cu - le:
Il rif- que, Il ap-

proche

pro-che à la fin ; Mais bien-

tôt le feu qui le

bru - le, Fi - nit son

vol - & son deſ-

tin. En ; &c. tin.

SUITE.

- ne u - ne Co - quet - te,
Rompt pour el - le ſes pré - miers
nœuds, En moins d'un jour A-
mant heu - reux, Il ob - tient le
cœur qu'il ſou - hai - te. &c. te.
Mais ſa Bel - le le len - demain s'en - flam- - -

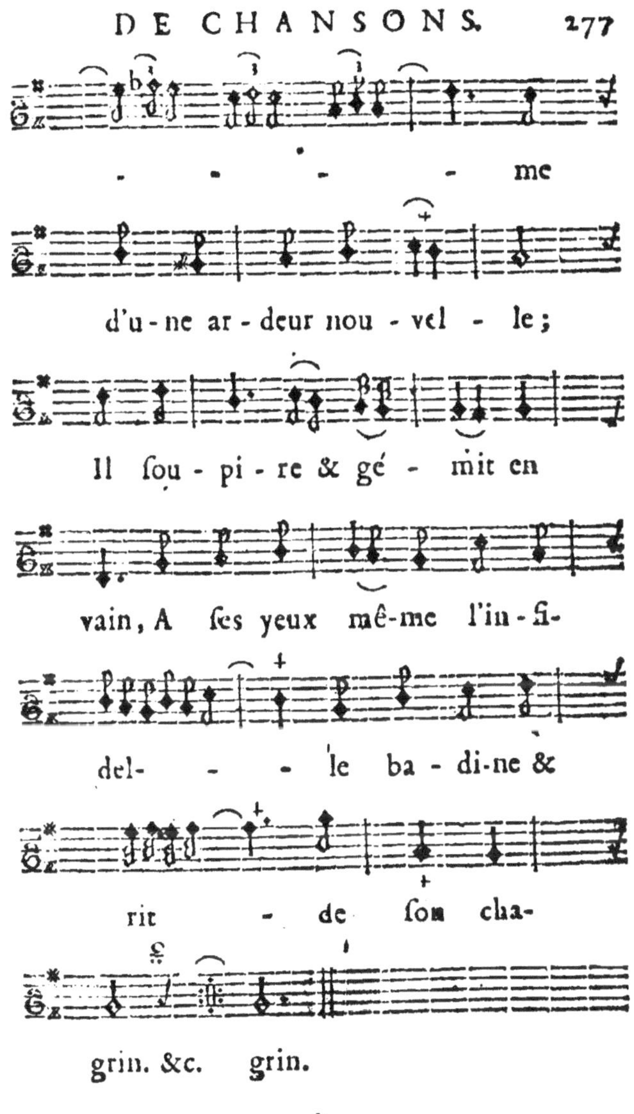

Tome III. A a LI

LE RUISSEAU.

mure

mu - re   ne pou - voit a - dou-
cir mes maux. Ruif- &c.   maux.
Gai.
Mais à   l'A - mour en - fin j'ai
dé - cla - ré - la   guer -
- re, Et   je viens boi-
- re
fur tes bords. Ah ! plus u-

ti - le au moins que tu n'é-

vois a - lors, Tu fers

a ra - frai - chir ma Bou-

teil - le & mon ver - re, Tu

fers à ra - frai - chir ma Bou-

teil - - - le, Ma Bou-

teil - - -

le

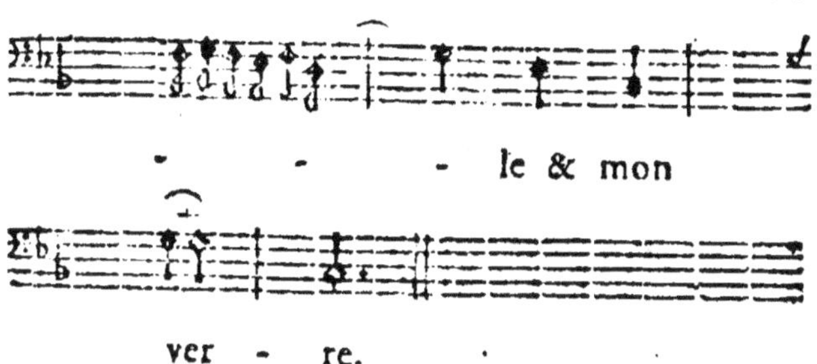

L'AMANT BUVEUR.

Vaudeville.

A 2 3   Je

De leur dons l'Amour & Bacchus,
Comblent mes vœux (l'on peut m'en croire)
Quels biens me faudroit-il de plus,
Je fais aimer & je fais boire.

Je ne fais ni Grec ni Latin,
Mais à quoi bon tout ce grimoire,
Connoiſſeur en Beautez, en Vin,
Je fais aimer & je fais boire.

Qu'un Héros s'expoſe au trepas,
Pour revivre un jour dans l'Hiſtoire,
Plus content de vivre ici bas,
Je fais aimer & je fais boire.

Pré

Près d'Iris ou dans un repas,
Toûjours suivis de la victoire.
Qu'on applaudisse à mes combats:
Je sais aimer & je sais boire.

Je me construis un monument,
Avant que passer l'onde noire:
Myrthe & Pampre en sont l'ornement:
Je sais aimer & je sais boire.

Un lit posé sur deux Tonneaux
Eternisera ma mémoire:
L'Eloge sera des plus beaux:
Je sus aimer & je sus boire.

RONDEAU.

Plus bril - lan - te que
n'eft l'Au - ro - re, Phi-
lis vient é - clai - rer ces
lieux : C'eft vai - ne - ment
que je l'a - do - re,
é - vi - tez - là mes foi - bles
Fin.
yeux.   yeux. Mon cœur fai - tes
vous

vous vi - o - len - ce, E - touf-
fez vos ten - dres de - firs? L'Ingrat - te con - damne au fi - len-
ce, Et mes re - gards, &

mes fou - pirs. &c.

AIR

AIR A BOIRE

Au pied d'un cô teau so - li -
tai - re, J'ap-per - çus la
jeu - ne Ca - tin ; Que l'en - fant ma -
lin de Cy - thè - re, Ai -
doit à fou - ler
- le Rai - fin. fin. De
la Li - queur en - chan - te - ref

&c,

se, Qui cou - loit - -

- - sous sa bel - le main,

Je bus, & m'en - i-

vrai sou - dain· O dou-ce &

fa - vo - ra ble Y - vref- fe!

Ce fut d'A - mour,

Ce fut d'A - mour,

Et

L'INGENUE.

Des ♭

Des maux qu'el - le m'a faits,
Je pré - tends me van - ger,
Ou la fuir, & me dé - ga-
gèr: Ou la fuir, & me dé - ga-
ger. Des, &c. ger. An - net-
te, l'en - ten- dit, Et n'en fai-
fant que ri - re, Duf-fes-

tu mal - gré - moi fou - la -
ger ton Mar - ty - re, J'aime en -
cor mieux, dit - el - le, En cou -
rir le dan - ger, Que de
te re - dui-re à chan-ger, Que de

te re - dui-re à chan - ger.

LA RAISON DU BUVEUR.

Parodie.

C'eſt

C'eſt un bien qu'on doit comp-
ter pour rien. Ver - ſe-
moi re - dou - ble. Ma rai
ſon ſe trou - ble: Ver - ſe en-
co - re un coup; Je n'y pers
pas beau = coup.

L'USAGE DE LA VIE.

Rondeau.

vi - e, Soit sui - vi - e,
Des Jeux & des A - mours.
Lorſ- que la Parque en - ne - mi-
e Nous l'a ra - vi - e, C'eſt
pour toû - jours. &c. Puiſ-qu'on
ceſ- ſe d'ai - mer, de ri - re &
boi - re, Sur les bords ar - ro-

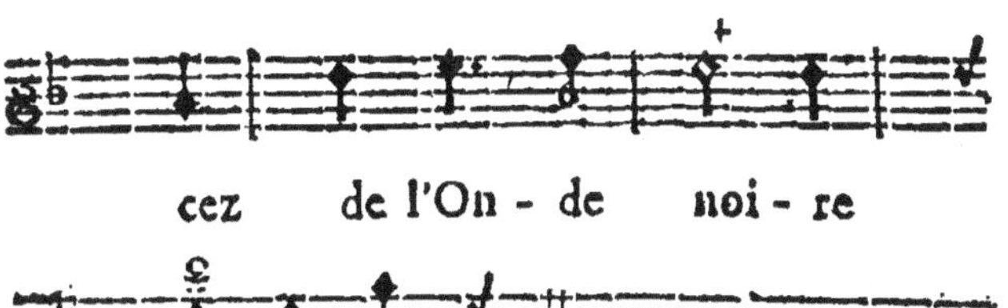

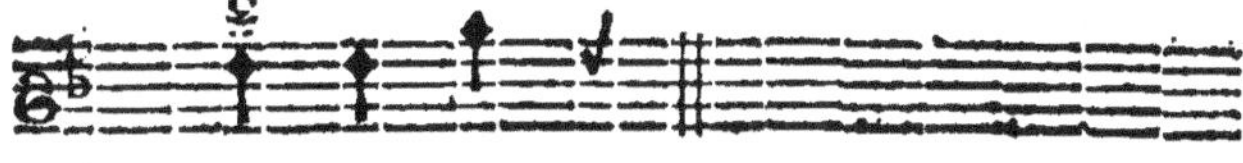

A nous charmer tout fert & s'intéreffe,
O doux momens,
Rions, chantons ; au Vin, à la tendreffe
Livrons nos fens.
Qu'une gaité toûjours nouvelle
Nous rappelle
A de nouveaux défirs :
Que le gout, & la nature
Soient la mefure
De nos plaifirs.
A nous charmer, &c.
Sans Bacchus & le Cœur de ce qu'on aime,
Il n'eft point ici bas de bien fuprême,
A nous charmer, &c.

LA SAGE CRAINTE.

heur

heur, Mê - na - ge - moi, crain

d'al - lar - mer, Un cœur trop

prompt à s'en - flam - mer, Ah! Cru-

el, rien ne t'ar - rê - te,

Tu vas cef - fer de m'ai-

mer.

RE-

REPONSE.

Chere Aminte
Que la crainte
Cesse enfin de t'allarmer,
Elle offence,
Ma constance,
Tu peux seule me charmer:
Ma flamme se renouvelle,
Par le plaisir de t'aimer.
Et quand tu viens combler mes vœux,
Tes faveurs augmentent mes feux,
En cessant d'être fidelle,
Je cesserois d'être heureux.

LES CONSEILS

Aime

Ai-me I-ris, dit l'A-mour, puiſ-
qu'el-le a ſû te plai-re, Pro-
fi-te des beaux jours de ta
bel-le Sai-ſon. Ma foi l'A-
mour ſur cet-te af-fai-re, Rai-
ſon-ne mieux que la Rai-ſon.

LE BAISER.

Pour un Bai - ser que j'ai
re - çû de vous, Char-
man - te I - ris, je lan-
guis je fou - pi - re:
Ah! fe peut - il que ce
qui fut fi doux, Puif-fe _

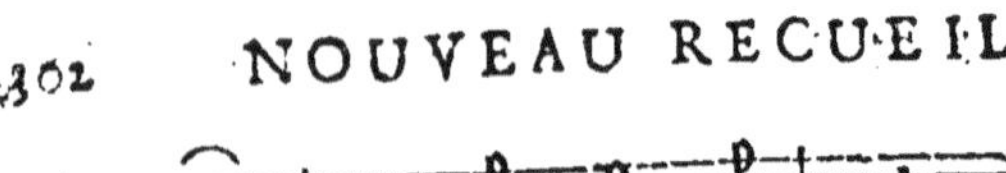

ti - re.

AIR TENDRE.

feint

fein- dre ; Mais vous ne di - tes
rien, hé - las ! Au - rois- je
le mal - heur de plain - dre
Un mal que je ne cau - se

pas.

PASTORALE.

Tendrement
SUr les bords d'un cou-
lant Ruif - feau, La Ber-
gè - re Na - net - te Chan-toit fur
fa Mu - fet - te, Au doux
Reprife.
bruit de l'Eau. Ah! qu'il
eft vo - la - - ge, qu'il
eft vo - la - ge, Mon ai-
mable

SECOND COUPLET.

TROISIEME COUPLET.

QUATRIEME COUPLET.

CINQUIEME COUPLET.

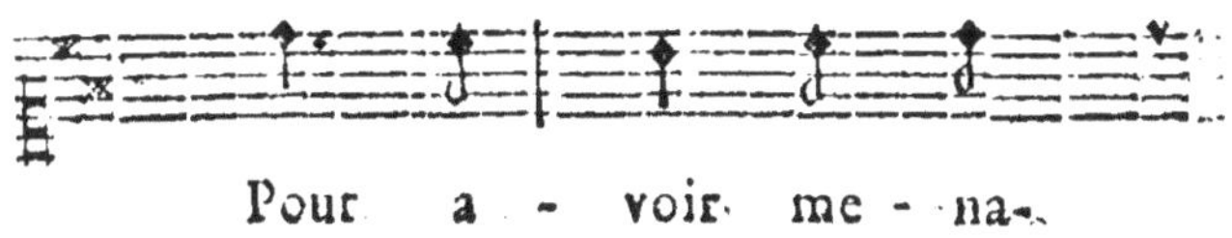

cé le chien, D'u - ne
jeu - ne Ber - gè - re, Il
m'en fit u - ne a - fai - re,
Et bat - tit le mien.

Ah! qu'il, &c.

Petit Air tendre & bachique.

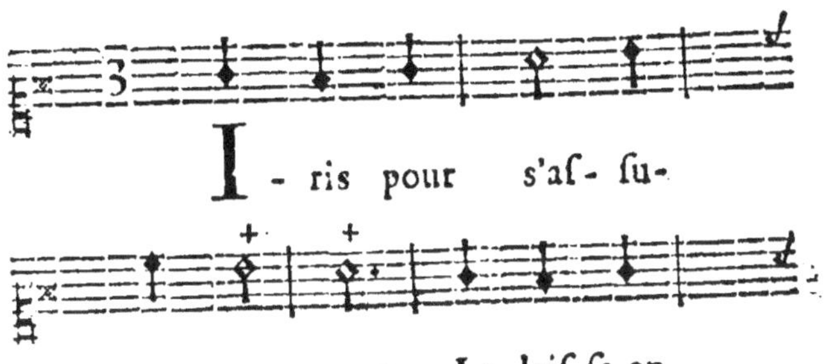

fous la treil - le, Je gou - te à -

longs.

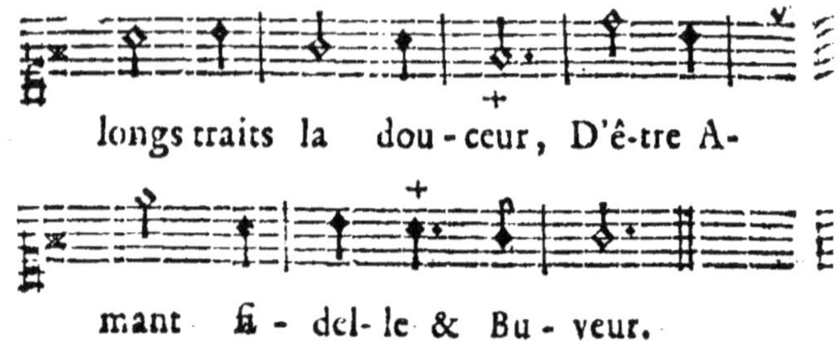

L'INDIFERENT CONVERTI.

Air ferieux.

mes

- mes font nai-
tre. A-, &c. tre. Vos
fers ont des ap - pas vos
trou-bles font char-mans, Et vous
é - tes van - gé, quand je
son-ge aux mo-mens, Que j'ai paf-
fé fans vous con - noi - tre,

Ee

Et vous é - tes van - gé
quand je son-ge aux mo-
mens, Que j'ai pas - fé fans
vous con - noi - tre.

EXHORTATION BACHIQUE.

Air à boire.

A chaque coup grace nouvelle,
Qui range les cœurs fous ta loi,
Pfiché pouvoit être auffi belle,
Mais buvoit-elle comme toi?

🙐

Bachus a déja l'avantage,
De favoir tous deux nous unir:
S'il a fu commencer l'ouvrage,
C'eft à l'Amour à le finir.

' Faifons une Bachique Guerre,
L'Amour n'en fera pas faché;
Peut être Iris au fond du verre
Ce Dieu fe trouvera caché.

L'EFET DU VIN.

Recit de Basse.

vous fur - prend.   prend. Mais
fai - tes boi - - re l'A-
- mi Gré - goi - re,   Il rai-
fon-ne, Il rai - -
ne en Doc - teur, c'eſt un homme di - vin, Des Aſ-tres,

il def - cend - - au
cen - tre de la Ter - re, Il
court - - -
l'un & l'autre hémif - phè - re,
Il tri - om - - phe,
Il tri - om -

Dd j   phe

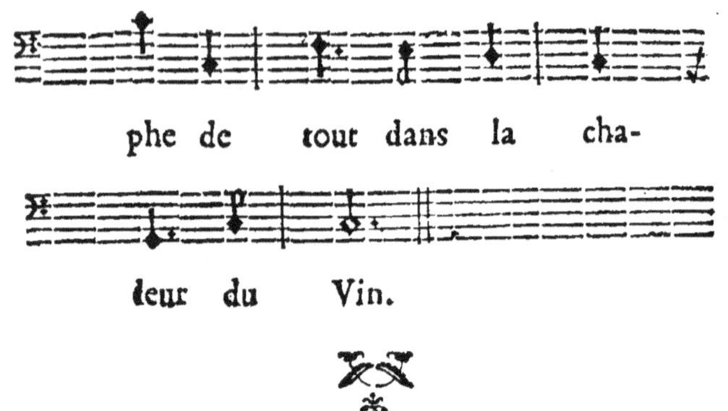

CONSEIL.

Menuet Rondeau.

Fin.
vè - re, Se re-pent un jour:
La beau-té se paf - fe, Et
n'a qu'un Prin - tems, La vertu se laf - fe, Quand il
n'eft plus tems.

RO.

ROBIN PRECEPTEUR.

Chanson à danser.

L'A;

✻

Oui, dit le Berger,
Un amour extrême,
Force à négliger
Tout, pour ce qu'on aime.
Ho, ho, Robin, ha, ha, ce dit-elle, o lon lan la,
L'Amour n'eft-il donc que cela?

✻

Il nous fait lever
Bien avant l'Aurore,
Fait toûjours rêver
Aux yeux qu'on adore.
Ho, ho, Robin, ah, ah, ce dit-elle, o lon lan la,
L'Amour n'eft-il donc que cela?

✻

On

On se plaint tout bas ,
Sans cesse on soupire ,
Quand le cœur n'a pas
Tout ce qu'il desire.
Ho , ho , Robin , ah , ah , ce dit-elle , o lon lan la,
L'Amour n'est-il donc que cela?

Robin comprenant ,
Dit à la Bergère ,
Tous en badinant ,
Ce qu'on vouloit taire.
Ho , ho , Robin , ah , ah , ce dit-elle , o lon lan la,
L'Amour n'est-il donc que cela ?

S'ils furent heureux ,
Je n'ose le dire ,
Ils s'aimoient tous deux ;
Cela doit suffire.
Ho , ho , Robin , ah , ah , ce dit-elle , o lon lan la,
Qu'est-ce que l'Amour sans cela ?

VE-

VENUS NAISSANTE.

Air.

mûr.

mur - mu - re ou que la
Fa - ble gron - de, La Cham-
pa - gne le ver-re en main, A
l'af - pect des pref - foirs que fa
Li - queur in - non - - -
de, La fait naitre aujour-d'hui
de la mouf - fe du Vin.

L E

LE BATU CONTENT.

mour ap - pai - se ma co -
lè - re, Et quand je cef -
fe de vous plai - re, Je me
trou - ve cent fois plus cou -
pa - ble que vous.　　vous.

L'EM-

L'EMBARAS.

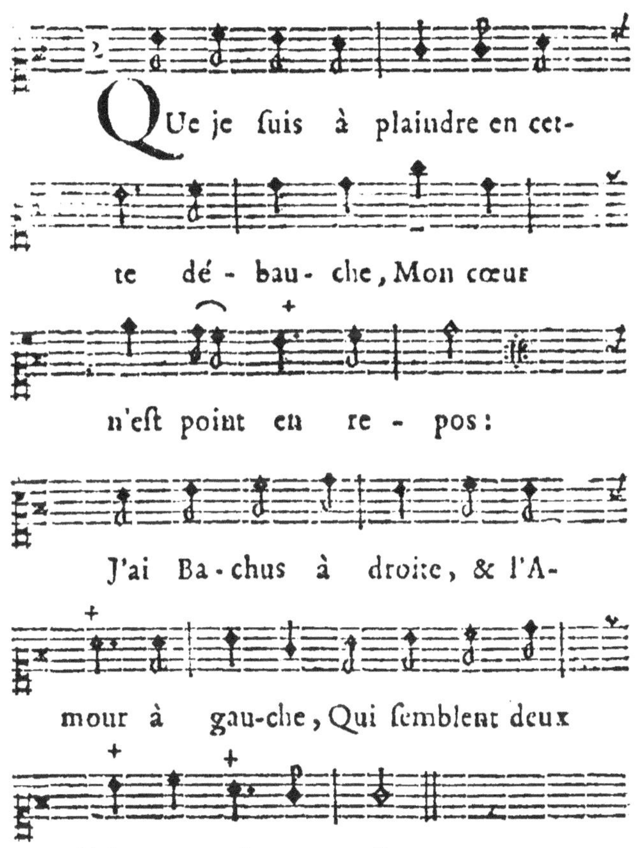

Que je suis à plaindre en cette dé - bau - che, Mon cœur
n'est point en re - pos:
J'ai Ba - chus à droite, & l'A-
mour à gau-che, Qui semblent deux
Chiens a - près un Os.

ME-

MENACES.

HE - las!   Hé - las!
quel fruit de ma conf - tan -
ce, Mes vœux font toû-jours re - bu -
tez, L'A - mour s'o - fen - ce en -
fin de tant de ré - fif -
tan - ce.   ce; De ce
Dieu que vous ic - ri - tez Crai-
gne

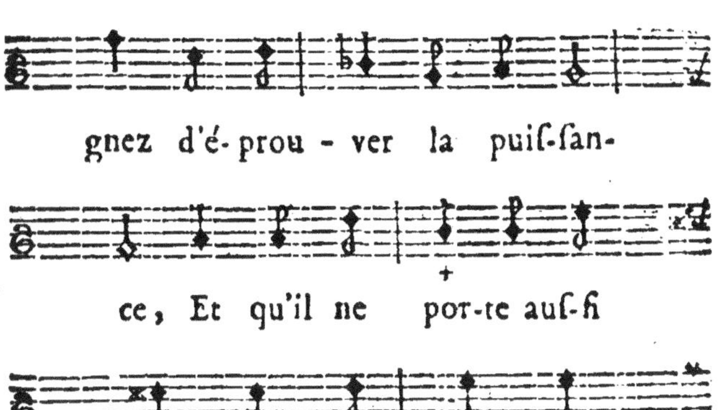

gnez d'é-prou - ver la puif-fan-
ce, Et qu'il ne por-te auf-fi

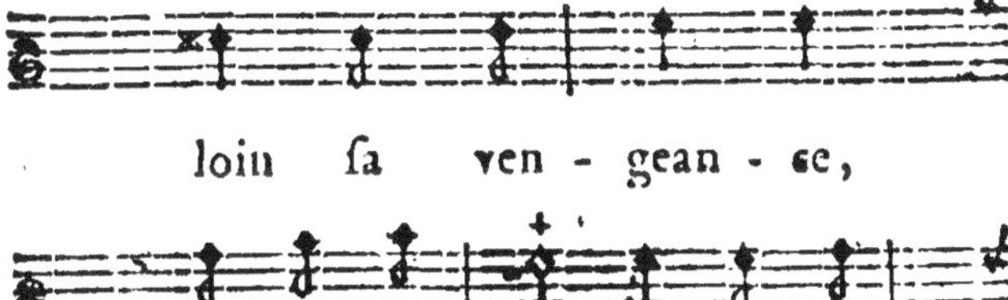

loin fa ven-gean-ce,

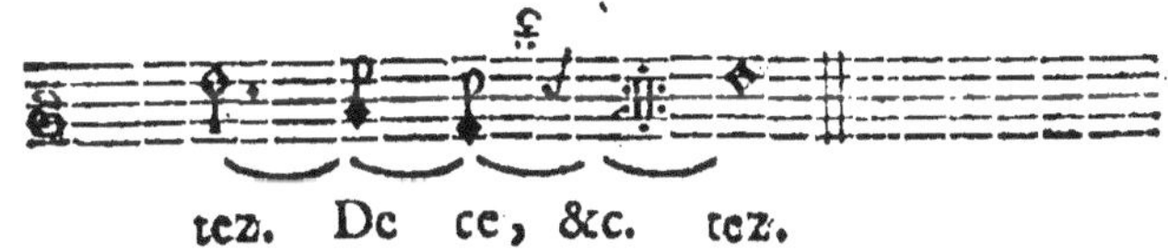

Que vous por - tez vos cru-au-

tez. De ce, &c. tez.

LA VOISINE.

Lij

Le Mari à sa Femme.

Mon Voisin me dit sans cesse,
Qu'il me veut fournir de Vin,
Je connois bien sa finesse,
Mais je suis encor plus fin ;
Fais semblant d'être facile,
Je ferai semblant de rien,
Pendant qu'il fera le Gille ;
Je lui boirai tout son bien.

La Femme.

Mon Mari, je suis très sage,
Mais mon cœur simple & benin,
N'aura jamais le courage,
De tromper un bon Voisin,
Et s'il faisoit la dépence,
D'aporter du Vin chez nous,
Je croirois en conscience,
Devoir le païer pour vous.

LE BERGER JALOUX.

Gavotte.

ſeul

Du haut du Côteau
J'aperçus dans la plaine,
Un jeune Berger du hameau:
Tu l'écoutois, inhumaine,
Et tu caressois son troupeau:
Un seul baiser sufit, hélas! pour m'apaiser;
Pourois-tu me le refuser?

Mac

Mes triftes accens,
Ma Flûte & ma Mufette
Chantent les maux que je reffens :
Et par tout l'Echo repette,
Et tes mépris & mes tourmens
Un feul baifer fufit, hélas ! pour m'apaifer,
Pourois tu me le refufer.

Touché de mes pleurs
Zéphire en fon langage
Te reproche auffi tes rigueurs :
Les Oifeaux dans leur camage,
Ne chantent plus que mes malheurs !
Un feul baifer fufit, hélas ! pour m'apaifer,
Pourrois-tu me la refufer ?

PLAIN-

PLAINTES.

Air serieux.

a - me, me, Nous
fom - mes tous é - ga - le-
ment char - mez, Mais nous n'en
par - lons pas do mê-
me, Vous vous lou - ez de
ce que vous ai - mez;
Et je me plains, je me

plains

LA SAGE BERGERE.

er   trop cher ſes plai - ſirs

les   plus doux : Ber. &c.   doux :

Nous gar - dons nos Mou - tons a-

vec un · ſoin   ex · - trê-

me ; Gar - dons nos cœurs de mê-

me, Et crai - gnons plus en-

L'AMANTE MECONTENTE.

Rondeau.

cœur te don - ne cha que
jour, Des mar-ques d'une ardeur que rien ne peut é-
tein - dre: Tu te plains
que j'ai peu d'A - mour,
Hé - las! c'eft à
moi de me plain - dre;

Je me flat - tois d'un
doux re - tour: Mais, de ton
cœur le - ger, que n'ai - je
pas à crain - dre!
Ah, que pour me tra-
hir Ingrat tu fais bien
fein - dre: Tu te plains

que

que j'ai peu d'A-
mour, Hé - las!
c'eſt à moi de me
plain - dre.

L'AMANT TROMPE'

F f 4   Mais.

Mais, hé - las! qu'u - ne Ber-
gè - re Laif - fe en - cor de
vœux à fai - re, Quand elle. per - mèt d'ef - pè - rer.
Mais hé - las! qu'u - ne Ber-
gè - re Laif - fe en - cor de
vœux à fai - re, Quand elle

LA DOUCE BLESSURE.

Vaudeville.

v.c

Je n'ai de plaifir qu'avec vous.
Quand on eft bleffé par vos coups,
L'on ne connoit plus d'autre Empire:
Mais je fens des tranfports jaloux;
Pour les calmer, daignez me dire:
Je n'ai de plaifir qu'avec vous.

Cour

Contentez-vous d'un seul Amant,
Je vous aime trop tendrement
Pour vouloir vous aimer volage:
L'Amour cesse d'être charmant,
Quand il peut souffrir le partage,
Contentez-vous d'un seul Amant.

L'Amour m'a prêté tous ses feux ?
Ne cherchez point dans d'autres vœux
Les vives ardeurs qu'il inspire:
Il n'en reste que dans vos yeux ;
Mais, c'est par eux que j'ose dire
Qu'Amour m'a prêté tous ses feux.

LES LARMES.

Mais

Mais au-jour d'hui qu'à mes foupirs El-le a ren-du les armes. Je gou-te en-cor
plus de plai - firs, Que
je n'ai ré - pan-du de
Lar - mes. Je goûte en-cor
plus de plai - firs, Que je

n'ai ré - pan - du de Lar-
mes, Je gou-te en- cor
plus de plai - firs, Que je
n'ai ré - pan - du de Lar-

mes. mes.

Paroles sur

L'AMOUREUSE,

Contredanse.

pré - ci - eux, Dé - li - ci -
eux, Que ce Dieu n'ac - cor -
de ja - mais, Qu'en blef - fant
de fes traits: Sans cef - fe
de nou - veaux plai - firs
Se mê-lent aux plus doux fou -
pirs, Et com-blent nos dé - firs.

Paroles sur le

LE CORDON BLEU.

Contredanse.

Ce Guer rier en , &c.

LA FINE BERGERE.

Vous voulez m'aimer, mais envain : *Bis.*
Aujourd'hui moi, Philis demain ;
Vous m'en contez, vous m'en contez toûjours,
A d'autres ; je fais tous les tours
Du jargon deś Amours.

Beau Berger, je vous connois bien : *Bis.*
Les fermens ne vous coutent rien ;
Vous m'en contez, vous m'en contez toûjours,
A d'autres ; je fais tous les tours
Du jargon des Amours.

Votre

Votre cœur double & scelerat,   *Bis.*
Est-il content devient ingrat;
Vous m'en contez, vous m'en contez toûjours,
A d'autres; je sais tous les tours
Du jargon des Amours.

Ne m'arrétez plus en chemin: *Bis.*
Tircis m'attend, adieu Colin;
Contez-en bien, contez-en bien toûjours
A d'autres; je sais tous les tours
Du jargon des Amours.

LA SAVANTE.

Contredanse.

ton sé - vè - re, Je ne pen-
se qu'à vol - ti - ger;
Al - lons gai, al - lons gai
mon Ber - ger, Ai-mons-nous,
fans nous en - ga - ger;
Auf- fi - tôt qu'on cherche à nous
plai- re, On pa- roit doux, ten-

dre

dre & po - li- Mais on a-
git d'au - tre ma - niè - re,
Quand on eſt de - ve - nu Mari ; Que de ſer - mens d'ê-
tre ſin - cè - re, S'é - va - nou -
iſ - ſent à l'inſ - tant :
Al - lons gai,   al - lons gai

mon.

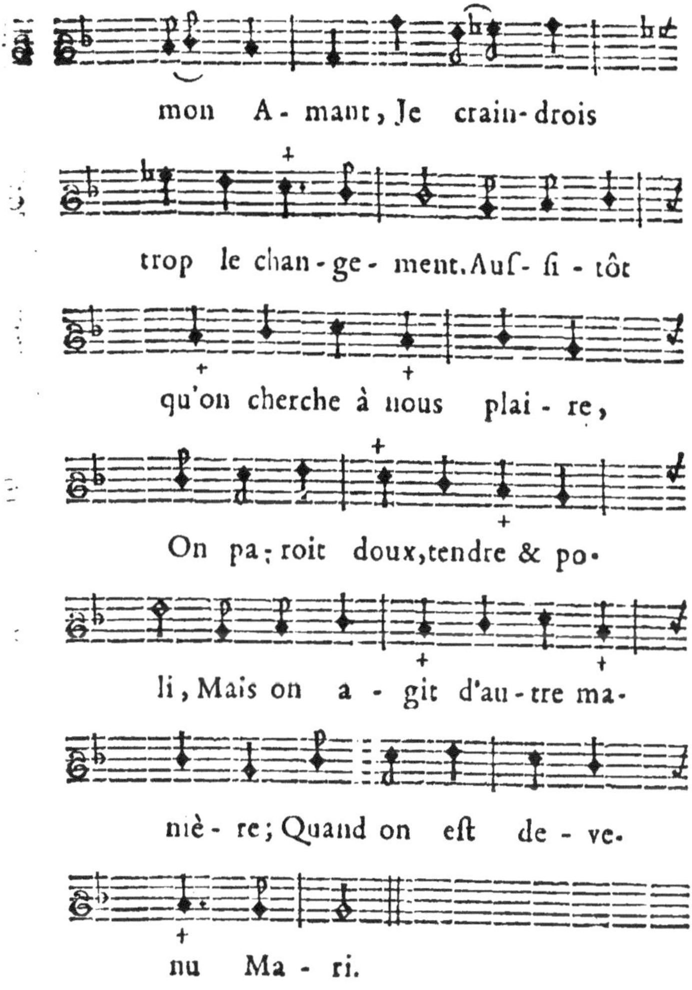

mon A - mant, Je crain - drois

trop le chan - ge - ment. Auſ- ſi - tôt

qu'on cherche à nous plai - re,

On pa : roit doux, tendre & po -

li , Mais on a - git d'au - tre ma -

niè - re ; Quand on eſt de - ve -

nu Ma - ri.

MENUET.

fitent

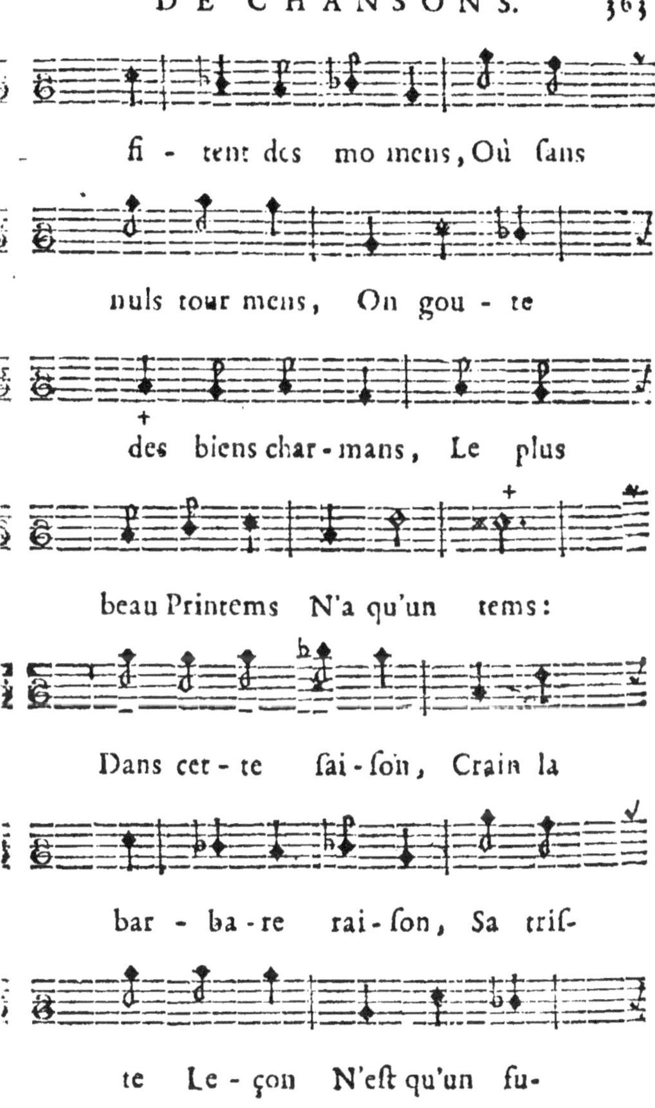
fi - tent des mo mens, Où fans
nuls tour mens, On gou - te
des biens char - mans, Le plus
beau Printems N'a qu'un tems :
Dans cet - te fai - fon, Crain la
bar - ba - re rai - fon, Sa trif -
te Le - çon N'eft qu'un fu -

nefte

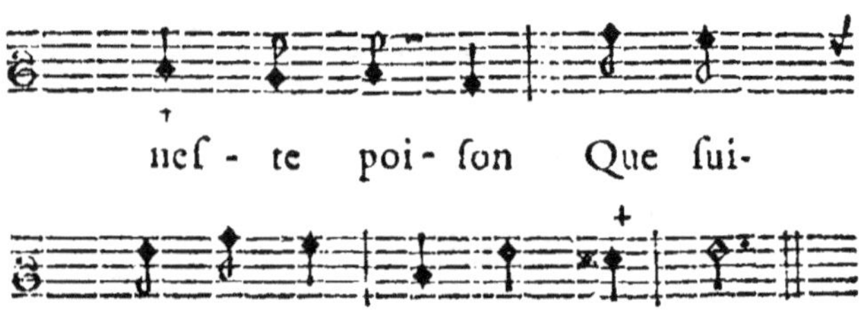

Malgré le courroux
De ton Epoux,
Je veux, belle Iris, fuivre ton empire,
Malgré le courroux
De ton Epoux,
Mon cœur pour toi feule foupire :
Profitons du tems,
Et paffons d'heureux inftans.
Tromper un jaloux,
Eft un plaifir des plus doux :
Contentons nos vœux
Tous les deux ;
Uniffons nos cœurs,
Et goûtons mille douceurs,
Suivons les Amours,
Et nous aurons de beaux jours,
Sans les tendres feux ;
Rien n'eft heureux.

Dieu

Dieu d'Amour, tes traits
Sont pleins d'atraits,
Heureux à jamais les cœurs que tu charmes,
Les Ris & les Jeux
Comblent leurs vœux,
Tu leur ofre un fort fans allarmes :
En vain les Amans
Pouffent des gémiffemens,
Tu les rend contens,
Par mille plaifirs charmans,
Hélas ! leurs tourmens
N'ont qu'un tems ;
Non, rien n'eft fi doux
Que de reffentir tes coups ;
Mortels, aimez tous,
En aimant que craignez-vous,
Eft-il de beaux jours
Sans les Amours.

MENUET.

Bu- vons A- mis, cinq ou six
coups, Dé- pêchons-nous, Bu- vons A-
mis, de ce Vin doux: L'A-
mour m'at- tend, je ne puis ref- ter
a - vec vous: L'Amour ce pe- tit
foux, De Bac chus eft ja - loux.
Ce pe - tit Dieu ba - din Nous

pré-

pré - pa-re un trait ma - lin : A - mis,

en vain re - fif- te-rions- nous; L'A-

mour eſt ſûr de ſes coups.

Imite-moi, méprife ſa vaine fureur,
Imite-moi, lâche Buveur :
Quand ſon flambeau
S'allume dans ton foible cœur,
Suis-moi, viens au tonneau
Eteindre ſon ardeur ;
Et tout malin qu'il eſt,
Nous nous rirons de ſes traits ;
Bacchus, Ami de notre Bonheur,
Sera notre Défenſeur.

PORTRAIT.

Cef- fez de me croi-re A-
mant, Je fuis la ten-
dref- fe, J'en con-nois trop
le tour - ment: A - vec
a - dref- fe, U - ne Mai-
tref- fe A l'air fou - mis;
Mais la Lu - cref - fe

De-

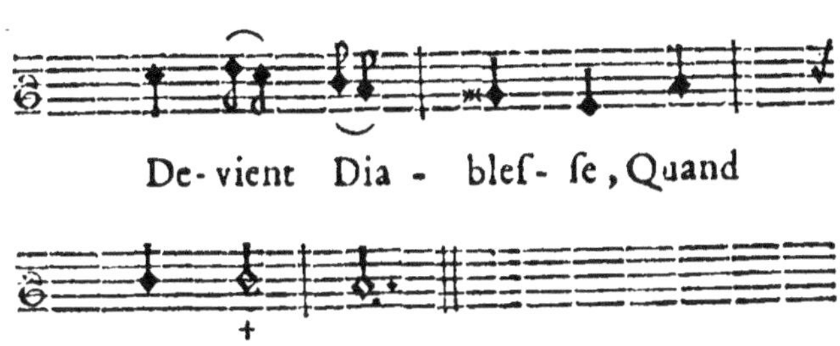

LES PLAISIRS DU VILLAGE.

D'a-

Avec plaisir & sans contrainte,
On s'y divertit galamment:
Chacun y parle à son Aminte,
    Librement,
Et l'on n'entend jamais la plainte
    D'un Amant.

Les Bergers n'y font point volages,
Chez eux il n'eſt point de détour:
Ils n'ofrent jamais leur hommage
    Sans amour;
Auſſi goûtent-t-ils l'avantage
    Du retour.

S'il

S'il en eſt quelqu'un peu ſincère,
Il eſt banni de ce ſéjour :
Et la peine la plus ſévère,
    Eſt qu'à ſon tour,
Il doit aimer une Bergère
    Sans retour.

L'Amour, las de mon inconſtance ;
Fit ferment de fixer mes vœux ;
Mais il n'en trouve l'aſſurance
    Qu'en vos yeux,
Jugez, Iris, de la puiſſance
    De mes feux.

L'USAGE DU TEMS.

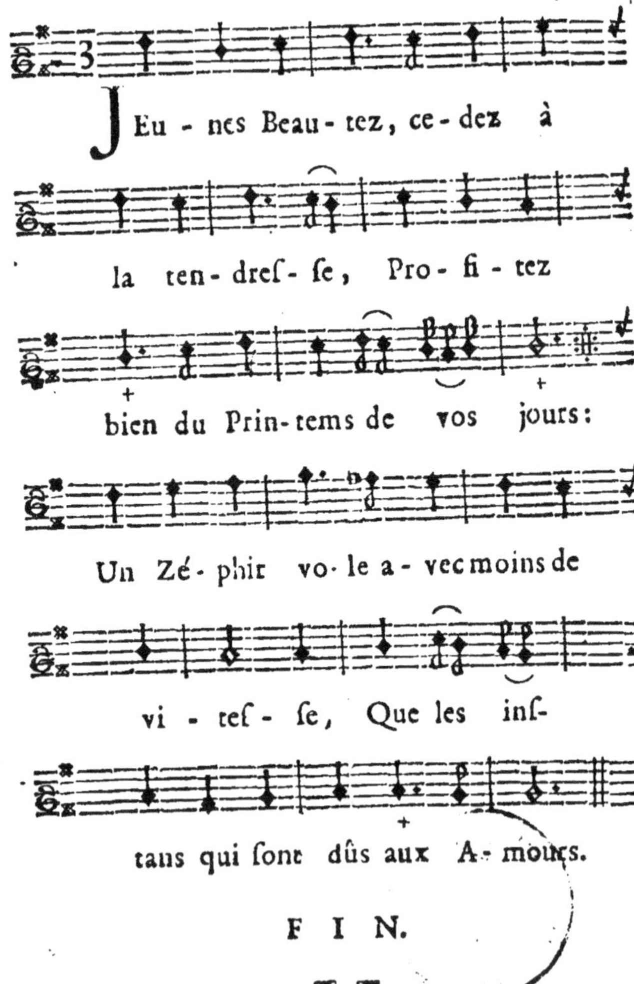

F I N.